U0495936

·2019年·

HEILONGJIANG WENHUA FAZHAN BAOGAO

黑龙江文化蓝皮书

·2019年·
黑龙江文化发展报告

贾玉梅 ◆ 主编

黑龙江人民出版社

图书在版编目(CIP)数据

2019年黑龙江文化发展报告/贾玉梅主编. — 哈尔滨：黑龙江人民出版社,2021.10
(黑龙江文化蓝皮书)
ISBN 978-7-207-12592-7

Ⅰ.①2… Ⅱ.①贾… Ⅲ.①文化发展—研究报告—黑龙江省—2019 Ⅳ.①G127.35

中国版本图书馆CIP数据核字(2021)第209838号

责任编辑：姜新宇
封面设计：徐　洋

黑龙江文化蓝皮书
2019年黑龙江文化发展报告
贾玉梅　主编

出版发行	黑龙江人民出版社
地　　址	哈尔滨市南岗区宣庆小区1号楼
网　　址	www.hljrmcbs.com
印　　刷	黑龙江艺德印刷有限责任公司
开　　本	787×1092　1/16
印　　张	12.5
字　　数	180千字
版　　次	2021年10月第1版
印　　次	2021年10月第1次印刷
书　　号	ISBN 978-7-207-12592-7
定　　价	42.00元

版权所有　侵权必究
法律顾问：北京市大成律师事务所哈尔滨分所律师赵学利、赵景波

《黑龙江文化蓝皮书》(2019年)编撰委员会

主 任 主 编 贾玉梅

副主任 副主编 李　坤　刘红岩　张丽娜　谭宇宏
　　　　　　　　刘光慧　辛　华　刘维宽　朱德宝
　　　　　　　　魏松贤　姚　丹

执 行 主 编 李　坤　刘光慧

编　　　委 赵迎春　陈　鹏　王晓东　袁清媛

课题组成员

邱鸿程　季伟峰　贾　楠　李　萌　马春涛　杨雯茜

目　录

发展成就

文兴黑土东风劲　铸魂龙江气象新
………………………………………… 中共黑龙江省委宣传部(3)
稳中求进　守正创新　着力推动哈尔滨市全面振兴全方位振兴
………………………………………… 中共哈尔滨市委宣传部(13)
守正道　创新局　努力开创宣传思想文化工作新局面
………………………………………… 中共齐齐哈尔市委宣传部(17)
高举旗帜　开拓创新　扎实推动宣传思想文化工作高质量发展
………………………………………… 中共牡丹江市委宣传部(22)
守初心　担使命　为推动全市高质量发展注入强大精神动力
………………………………………… 中共佳木斯市委宣传部(30)
坚持守正创新　坚守初心使命
………………………………………… 中共大庆市委宣传部(41)
奋发有为　积极作为　为鸡西经济社会发展提供强大精神动力
………………………………………… 中共鸡西市委宣传部(46)
坚守初心使命　砥砺奋进新程　为推动城市转型注入精神力量
………………………………………… 中共双鸭山市委宣传部(50)
加强思想道德建设　发挥新时代宣传文化工作引领作用
………………………………………… 中共伊春市委宣传部(56)

锐意进取　开拓创新　以思想伟力引领城市发展转型
　　………………………………………中共七台河市委宣传部(61)
学思践悟　勇毅笃行　为鹤岗高质量转型发展注入磅礴伟力
　　…………………………………………中共鹤岗市委宣传部(67)
全面推进　重点突破　努力开创黑河宣传思想文化工作新局面
　　…………………………………………中共黑河市委宣传部(73)
解放思想　真抓实干　高质量推进绥化全面振兴全方位振兴
　　…………………………………………中共绥化市委宣传部(77)
统一思想　凝魂聚力　奋力写好新时代宣传思想文化工作新篇章
　　………………………………………中共大兴安岭地委宣传部(83)

改革创新

深入实施"六项工程"　着力打造文化强省和旅游强省
　　……………………………………黑龙江省文化和旅游厅(89)
深化改革创新　强化使命担当　推动黑龙江广电事业再上新台阶
　　………………………………………黑龙江省广播电视局(93)
深化融媒改革　推动转型发展
　　………………………………………黑龙江广播电视台(104)
高举旗帜　守正创新　奋力书写新时代龙江文学新篇章
　　…………………………………………黑龙江省作家协会(110)
高举旗帜　守正创新　为繁荣发展龙江哲学社会科学事业汇智聚力
　　……………………………………黑龙江省社会科学界联合会(117)
深化改革　开拓进取　加快迈向高质量发展
　　………………………………………………黑龙江出版集团(124)
发挥地缘优势　推进对外文化"走出去"
　　………………………………………………黑龙江出版集团(129)

研究建议

关于推动新时代广播电视工作强起来的思考
　　………………………………… 黑龙江省广播电视局(137)

关于新媒体时代黑龙江省舆情信息工作创新发展的路径研究
　　………………………………… 黑龙江省社会科学院(145)

关于黑龙江省社会科学普及基地建设的问题研究
　　……………………………… 黑龙江省社会科学界联合会(150)

关于国有演艺企业发展中政府杠杆及引导作用的探究
　　………………………………… 黑龙江省演艺集团(156)

关于齐齐哈尔市基层宣传干部队伍建设情况的调查与思考
　　……………………………… 中共齐齐哈尔市委宣传部(165)

关于新形势下加强对俄文化交流的路径研究
　　………………………………… 中共黑河市委宣传部(172)

大事记 ……………………………………………………（180）

发展成就

文兴黑土东风劲　铸魂龙江气象新

中共黑龙江省委宣传部

国家之魂,文以化之,文以铸之。龙江精神,宣传引领,文化先行。

2019年,全省宣传思想文化战线坚持以习近平新时代中国特色社会主义思想为指导,坚决贯彻落实省委和张庆伟同志指示要求,举精神之旗、立精神支柱、建精神家园,紧扣主题主线唱响主旋律,突出大事要事高扬主基调,聚焦主责主业打好主动仗,把握重点难点守好主阵地。放眼龙江大地,宣传思想文化的力量,如静水深流浸润人心,似惊蛰春雷万里回响……

高扬党的旗帜,筑牢北国边疆"精神高地"

知向何处则方向不惑,明所从来则动力充足。

一年来,中共黑龙江省委宣传部坚持不懈抓好理论武装,始终把深入学习宣传贯彻习近平新时代中国特色社会主义思想作为首要政治任务,深刻回答马克思主义为什么"行"、中国共产党为什么"能"、中国特色社会主义为什么"好"等重大问题,推动党的理论创新成果在龙江大地落地生根,使党的旗帜在黑土地上高高飘扬。

——"真理的味道是甜的"。

理论学习是通往真理最近的道路。全省上下大兴学习之风,坚持全面系统学、及时跟进学、深入思考学、联系实际学,以科学理论武装头脑、指导实践、推动工作,汲取奋勇前进的磅礴伟力。

《攻坚克难促转型、笃志奋楫谋振兴》,《光明日报》刊发的这篇文章,是以省委理论中心组名义发出的学习宣言,更是实践纲领。一年来,全省坚持不懈抓好理论学习,省委理论中心组组织集体学习17次,省委常委班子在"不忘初心、牢记使命"主题教育期间集中开展学习研究活动10余项,省委理论中心组成员带头撰写文章、交流心得;《习近平谈治国理政》等书籍成为党员干部的案头经典,打卡"学习强国"成为学习时尚,编发的通俗读物《学讲话 谋振兴》受到热捧,"四进四信"专题教学取得扎实成效。崇尚学习在全社会蔚然成风,坚持学习已转化为行动自觉。

——"飞入寻常百姓家"。

理论宣讲上接"天线"、下接"地气",全省宣讲工作注重讲清国家大势、呼应人民关切,用心宣讲、用情服务,真正使党的创新理论"飞入寻常百姓家"。

聚焦大主题,让群众"跟得紧"。扎实开展党的十九届四中全会精神宣讲,组织中央宣讲团报告会和面对面宣讲,省委宣讲团深入各地宣讲60余场;持续开展《习近平新时代中国特色社会主义思想学习纲要》《黑龙江省优化营商环境条例》宣讲工作,把党的声音、惠民政策第一时间传播出去。

留住大队伍,让群众"看得见"。督导全省加强和改进党委讲师团工作,留住机构、建强队伍,培训各级宣讲人员,不断充实力量,推动开展常态化深入基层、互动性、点单式宣讲活动,使百姓"摸得着""找得到",为全省宣讲阵地留下一支永远不走的工作队。

构建大格局,让群众"记得住"。改进宣讲方式,广泛开展电视访谈、网络座谈等活动,注重对象化、分众化、互动化,以群众喜闻乐见的方式精准传播,确保群众"听得懂""记得住";拓宽宣讲渠道,开展省市县三级宣讲团、宣讲小分队、宣讲志愿者"七进"活动,真正做到"全动员""广覆盖"。

——"发思想之先声"。

理论研究肩负着思想引领、精神启迪的重要使命。全省哲学社会科学工作者着眼党和国家发展大局、龙江改革发展实践,立时代之潮头、通古今之变化、发思想之先声,推出对政策制定有参考价值、对事业进步有推动作用的优秀成果。

全年中标国家社科基金各类项目 102 项,设立包括党的十九届四中全会精神、省委十二届六次全会精神专题研究等各类省级课题 446 项;围绕学习贯彻习近平总书记重要讲话重要指示精神,以省中国特色社会主义理论体系研究中心特聘研究员名义在中央"三报一刊"刊发文章 12 篇。修订《黑龙江省哲学社会科学研究规划项目管理办法》,推进新型智库建设,遴选 158 位智库专家进入黑龙江新型智库高端人才库,黑龙江智库网在全国省级智库平台中排名第二位。

共庆祖国华诞,成就奋进龙江"高光时刻"

70 年高岸深谷,70 年栉风沐雨,与近 14 亿炎黄子孙一道,龙江儿女满怀深情,讴歌这盛世正如所愿,欢庆中华大地沧桑巨变、换了人间!

9 月 6 日,国务院新闻办举行"新时代黑龙江重振雄风再出发"新闻发布会,通过中外媒体展现我省翻天覆地的变化,以及努力走出振兴发展新路子的生动实践。据统计,此次新闻发布会,媒体关注度和美誉度列全国之首,一个改革创新、开放包容的龙江形象辉映神州万里,吸引八方来客……

9 月 29 日,大型音乐舞蹈史诗《黑龙江"四大精神"颂》为新中国成立70 周年隆重献礼,多彩呈现东北抗联精神、北大荒精神、大庆精神、铁人精神丰富内涵,精彩再现龙江人民艰苦卓绝的奋斗和奉献历程。舞台上,演员们激动不已,连续喊出"为中国加油";舞台下,观众们热泪盈眶,掌声经久不息……

10 月 1 日,展现龙江风貌的"中华粮仓"彩车徐徐经过天安门广场,接受党和国家领导人以及全国人民的检阅,它成了游行队伍中最闪亮的那颗星;与此同时,省委常委会议室,收看庆祝大会的全体省领导同志在张庆伟书记的带领下热烈鼓掌,为龙江魅力和龙江表达喝彩……

普天同庆之际,全省上下坚持整体谋划、统筹推进,爱党爱国爱家乡的热忱不断汇聚。举办"壮丽 70 年·奋斗新时代"主题系列新闻发布 20

余场,规格之高、关注之广、影响之深创历史之最;组织"奋进新时代·振兴黑龙江"主题宣传报道,开辟专栏20个,刊发稿件7 000余篇,形式出新出彩,百姓喜闻乐见,形成浓厚氛围;举办系列文化文艺活动,从美术书法作品展到歌咏演讲比赛,从优秀农民文艺节目巡演到"我和国旗合个影"主题活动,群众参与度极高,掀起庆祝高潮。龙江人民在与祖国共享伟大荣光、为母亲华诞贡献精彩的同时,也空前凝聚了奋进力量,成就了自己的"高光时刻"!

服务发展大局,形成主流宣传"强大攻势"

龙江形势,稳中向好;龙江故事,气象万千;龙江声音,乘势远扬。

——这一年,倾心讲清龙江形势。

仅仅365个日夜,这片土地上却发生了巨大的变化:"六个强省"稳步推进,"百大项目"如火如荼,"头雁行动"筑巢引凤……聚焦发展这一中心要务,宣传战线着眼全局、综合发力,统筹推进形势宣传、成就宣传,全面展示我省打造法治化营商环境的创新之举,立体呈现我省转变政府职能、深化"放管服"改革的务实之策,系统反映"投资首选黑龙江"的上行之势,综合展现我省"四零"承诺、"办事不求人"的服务之道,充分体现我省党员干部群众"钢牙啃硬骨头"的拼搏之风,形成了舆论宣传的强大攻势,营造了奋发进取的浓厚氛围,进一步坚定了改革发展的决心和信心,优化营商环境、推动全面振兴全方位振兴成为最高昂的主旋律。如今,"投资必过山海关"已成新共识,"投资争过山海关"已成新趋势。

——这一年,倾情讲好龙江故事。

《走基层看"六稳"——黑龙江:提质增效、促农产品出口》在央视《新闻联播》头条播发,这是主题宣传浓墨重彩的缩影。创新全国"两会"宣传报道方式,中央媒体发稿数量超万条,创历史新高,会议期间得到中宣部4次点名表扬;精心安排"不忘初心、牢记使命"主题教育宣传,通过报道一把手"走流程"、聚焦"三最"办实事等做法,为民服务实效更加深化凸显;组织"扫黑除恶"专项斗争宣传发动,公益宣传超3 000次,提高了人民群众知晓率、支持率、参与率。通过深入宣传中央和省委全会精神,推动党的理论政策深入人心……

"中俄电视周"中方举办地在龙江永久落户,这是对外宣传主动作为的缩影。以对俄为重点,面向东北亚,通过媒体外宣、边境口岸传播、经贸活动和文化交流推广等方式,积极主动开展习近平新时代中国特色社会主义思想对外宣介;推出一大批优秀作品和精品活动,纪录片《我们的男孩》为中俄建交70周年深情献礼,"一城两国·中国年""中华冰雪艺术走出去"被列为中宣部重点项目,中外媒体"振兴发展看龙江"媒体采访在境外影响广泛……

——这一年,倾力传递龙江声音。

《中国粮食、中国饭碗》作为全国优秀公益广告片展播,发出扛好龙江责任的铮铮誓言。习近平总书记考察我省时的深切嘱托言犹在耳,龙江向世界宣告,"为国家产粮"义不容辞,国家粮食安全因"北大仓"的存在而稳如泰山。纪念大庆油田发现六十周年,大庆向世人展示,美丽的油田今非昔比,"爱国、创业、求实、奉献"的精神却从未改变;解放思想大讨论,全面立体报道"在人的头脑里搞建设"的成果,全省上下作风转变有目共睹……

一曲《我在黑龙江等你》唱响大江南北,推动龙江文旅品牌强势走红。第二届全省旅发大会开幕式在线观看人数超1 000万,"森林里的家"完美吸睛,"深呼吸!深睡眠!深度游!"的伊春名片享誉海内外;第二届黑龙江国际大米节吸引国内外52家媒体现场采访,微博话题阅读量达1.1亿次,龙江好米品牌形象再次爆棚;第十四届龙江文博会坚持融合创新理念,特色鲜明、"文"味十足,厚重文化底蕴引起广泛关注……

突出价值引领,深耕成风化人"文明沃土"

"重莫如国,栋莫如德。"坚持深培厚植、大力践行社会主义核心价值观,把"最大公约数"做得更大,"最大同心圆"画得更广,夯实同心共筑中国梦的思想道德基础,在这片"文明沃土"上绵绵不断地播种希望。

——榜样之花,灼灼其华。

崇高的事业需要榜样引领,榜样的力量直抵心灵。奋斗不息的王启民,矢志报国的刘永坦,感动中国的马旭,为国争光的武大靖,宝刀不老的崔道植,迎难而上的一重集团……龙江的英模星空,因为有这些闪光的名字而分外璀璨。一年来,我省1人荣获"人民楷模"国家荣誉称号,2人被评为第七届全国道德模范,15人获中宣部"最美奋斗者"称号,全年推出全国重大典型23个;"龙江楷模""最美系列""感动龙江""身边好人"等一批彰显时代精神、体现龙江特色的英雄模范熠熠生辉。正是他们,把榜样变成鲜活的形象,励人心志、催人奋进,启示我们英雄模范并非遥不可及,从平凡走向伟大的路就在脚下。

——文明之树,其叶蓁蓁。

文明盛,则国祚兴。坚持持续用力、久久为功,文明新风吹遍每个角落。文明创建提升"颜值",修订颁布《黑龙江省文明单位建设条例》,评选省级文明城市、文明村镇、文明单位、文明家庭、文明校园1 866个,文明创建持之以恒,环境面貌焕然一新。内外兼修提升"气质",广泛开展文明社会风尚活动,大力开展文明交通、文明旅游等行动,抵制不良风气,养成良好行为习惯。共建共享提升"福祉",深入推进学雷锋志愿服务制度化,引导激励人们把参与志愿服务作为一种生活方式和生活习惯,全省注册志愿者达400万人,超过我省总人口的1/10,位居全国前列,我省入选全国学雷锋志愿服务"四个100"先进典型15人。文以化人见行见效,文明阳光普照龙江,全社会不断向上向善、向美向暖。

——道德之根,其固如磐。

大道直行,德润人心。坚持凝心聚力、立德铸魂,培养和造就更多担当民族复兴大任的时代新人。贯彻落实《新时代公民道德建设实施纲要》《新时代爱国主义教育实施纲要》,加强理想信念教育,实施公民道德建设工程;厚植爱国情怀,传承红色基因,制定出台《新时代深入学习和弘扬"四大精神"的决定》,编发新时代黑龙江"四大精神"系列丛书,开展"守初心、担使命,重走抗联路"主题活动,摄制《70年龙江儿女英雄传》节目,齐齐哈尔江桥抗战纪念地入选"全国爱国主义教育示范基地";弘扬优秀传统文化,开展"经典诵读过端午""传统节日·中秋"系列活动。道德之力春风化雨、润物无声,民族之魂薪火相传、代代守护,理想信念根

发展成就

基不断巩固。

坚持源头治理,牢牢守住全省"思想阵地"

阵地之战,从未休止。历史发展表明,思想阵地,真理不去占领就会杂草丛生,思想防线攻破了,其他防线就很难坚守。一直以来,秉持立破并举、扶正祛邪,牢牢坚持马克思主义在意识形态领域的指导地位,牢牢守住全省人民团结奋斗的"思想阵地"。

——为了阵地坚实稳固,坚持守土负责、守土尽责。

压紧压实意识形态工作责任制,全年召开12次联席会议,成员单位协同联动,形成意识形态工作大格局;出台6项意识形态工作相关制度,推动意识形态工作纳入重要议事日程,纳入党建工作责任制,纳入领导班子、领导干部目标管理,层层传导压力,确保事有专人、人尽其责;旗帜鲜明站到意识形态斗争第一线,坚决同一切错误思想言论做斗争,坚决巩固龙江来之不易的改革振兴发展成果,坚决守好意识形态安全"北大门"。

——为了防线安全牢固,坚持底线思维、未雨绸缪。

加强对重点领域、敏感时期、重要节点意识形态领域风险防范,及时处置苗头性倾向性问题。组织开展省委巡视落实意识形态工作责任制专项检查、省委巡视整改专项督导等,纠正问题近百个,将隐患消灭于萌芽之中。管好用好新媒体,健全跨行业跨地区的风险联防联控机制,建立全省意识形态领域风险信息库,有效防范化解重大舆情旋涡和意识形态事件,以意识形态领域的"风清气朗"助推龙江振兴乘帆远航。

——为了市场绿色健康,坚持关口前移、主动出击。

强化出版、印刷、发行、新闻单位驻地方机构监管,严把选题论证、书号核发关口,组织出版物专项审读,加强印刷发行企业行业检查,开展"扫黄打非"、图书质量管理、打击网络侵权盗版"剑网2019"等专项行动,查缴各类盗版和非法出版物,全面净化出版物市场和网络文化生态,构筑起龙江新闻出版领域的"绿水青山"。

顺应人民期待,全力打造多彩"文化盛宴"

实现中华民族伟大复兴,是一项震古烁今的伟大事业,需要坚忍不拔的伟大精神,也需要振奋人心的伟大作品,更需要形成文化事业全面繁荣、文化产业动能充沛、文化体验光明饱满的生动格局。念念不忘,必有回响。一年来,念兹在兹、披荆斩棘,有筋骨、有道德、有温度的"文化盛宴"不断呈现,龙江文化"软实力"大幅提升。

——文艺精品创作为龙江形象"加分"。

"文变染乎世情,兴废系于时序。"聚焦龙江振兴发展实践,创作推出重大题材精品力作20余部。广播剧《刀锋逐梦》获"五个一工程"奖,中篇小说《候鸟的勇敢》获第十八届百花文学奖,版画《金秋时代》获全国美术作品展金奖,图书《飞鸿踏雪》获全国"金牛杯"优秀美术图书金奖,舞蹈《红高粱》获群星奖舞蹈类第一名,歌剧《萧红》深受好评,电视剧《共和国血脉》登陆央视综合频道……一大批优秀作品把龙江形象扮得更靓,把龙江美名撒向远方。

——文化体制改革为破障前行"加速"。

"穷则变,变则通,通则久。"致力于提升科学化规范化水平,建立健全把社会效益放在首位、社会效益与经济效益相统一的体制机制;大力推进媒体融合发展,主流媒体改革成效显著,63个县级融媒体中心全部上线试运行,在全国率先实现省市县三级贯通;持续推动重点领域改革,"一报一台"、《奋斗》杂志等所属企事业单位改革取得突破性进展;努力实现国有文化资产高质量监管,资产清查、制度框架、分类监管体系等"四梁八柱"搭建完毕。文化体制改革有序推进,为加快实现文化治理体系和治理能力现代化提供了强力驱动。

——文化产业发展为龙江经济"加油"。

"百舸争流,奋楫者先。"落实"六个强省"建设战略部署,推进制定文化强省、旅游强省建设规划,构建龙江特色文旅产业体系;深入实施以文旅融合为核心的"文化+"战略,推动文化和旅游云平台建设,巩固壮大"北国好风光、尽在黑龙江"品牌优势;注重文化元素的深度挖掘,大力发展文创体验和文化"夜经济";组织国家文化产业发展项目库申报,公开评选确定30个文化产业发展专项资金扶持项目;组织首届龙江文化创意设计大赛等影响较大的比赛和展会,深圳文博会期间招商推介会签约33

个项目,签约额91.9亿元。文化产业风鹏正举,助力龙江经济守正出新、行稳致远。

——文化亲民惠民为群众幸福"加码"。

"利民之事,丝发必兴。"出台加强文化惠民工作意见,积极推动省、市、县、乡、村(社区)公共文化服务设施体系构建,建成新时代文明实践中心(所、站)近1 200个,有力保障公共文化服务供给均等化;将"送文化"与"种文化"有机结合,举办"红色文艺轻骑兵""农民文化艺术节"等各类演出、展览2万余场,参演人员达20余万人次,观众达220余万人次;增设农村电影固定放映点388个,放映影片11万余场;印发全民阅读中长期规划,开展"书香中国·龙江读书月"推广活动万余场,"书香龙江"获评"全国大众喜爱的阅读公众号"。通过系列亲民惠民"组合拳",人民群众的文化获得感和幸福感不断增强。

打造宣传铁军,淬炼干事创业"硬核能力"

"积力之所举,则无不胜也;众智之所为,则无不成也。"始终把建设高素质的人才队伍放在首位,努力打造一支政治过硬、本领高强、求实创新、能打胜仗的宣传思想工作队伍。

——政治统领以固根本。

狠抓理论学习,提升政治素养,把学懂弄通做实习近平新时代中国特色社会主义思想作为重中之重,全战线形成尚学之风,补足精神之钙,筑牢思想之基;全面贯彻落实《中国共产党宣传工作条例》,对标中央和省委关于宣传思想工作的指示批示和工作要求,不折不扣落实好各项决策部署;扎实开展"不忘初心、牢记使命"主题教育,强化学习型机关建设,加大培训力度,不断提升广大党员干部政治素养和能力水平。

——锤炼"四力"以壮筋骨。

印发《深入推进"强四力"教育实践工作指导意见》,开展"强四力、补短板、促发展"大调研,号召学习宋兰堂"以生命践行'四力'"的责任担当,引导宣传干部到基层一线查实情、动真情,在火热实践里辨是非、分真假,在大局大势中思虑全、思考深,在妙笔生花上显真功、见真章。通过不断增强脚力、眼力、脑力、笔力,推动宣传干部增强本领、强壮筋骨、攻坚克难,推动宣传工作不断强起来、实起来。

——刀刃向内以图自强。

出台省委宣传部机关"十不准",把纪律和规矩挺在前面,持续传导压力,营造风清气正的政治生态;推进新闻出版行政审批、行政许可标准化建设,全程无盲点无死角,消除"不正当交易"根源,在全省率先实现"一次不用跑";建立宣传文化系统单位月度例会、部机关双周例会制度,把工作和问题都"摆在桌面上",压实责任、提高效率,干事创业的活力进一步释放。

每一次抵达,都意味着新的出发。站在新的历史起点上,全省宣传思想文化战线将牢记使命、只争朝夕、不负韶华,在中央和省委的坚强领导下,坚定文化自信、增强行动自觉,为时代铸魂、为人民立传、为梦想放歌,为决胜全面建成小康社会、为实现龙江全面振兴全方位振兴提供强力支撑。

"不驰于空想,不骛于虚声。"龙江的信仰力量、龙江的文化担当,蓄势而来,值得期待!

稳中求进　守正创新
着力推动哈尔滨市全面振兴全方位振兴

中共哈尔滨市委宣传部

2019年,哈尔滨市宣传思想文化战线认真贯彻中央和省、市委决策部署,紧紧围绕学习宣传贯彻习近平新时代中国特色社会主义思想这个首要任务,紧紧围绕庆祝新中国成立70周年这条主线,自觉承担起举旗帜、聚民心、育新人、兴文化、展形象的使命任务,坚持稳中求进、守正创新,坚持统一思想、坚定信心,不断开创宣传思想文化工作新局面,为促进哈尔滨全面振兴全方位振兴提供了有力思想保证和强大精神力量。

一、高擎新时代思想旗帜,推动习近平新时代中国特色社会主义思想和党的十九届四中全会精神深入人心

坚持用习近平新时代中国特色社会主义思想武装头脑、指导实践,推动全市党员干部学理论用理论实起来、强起来。围绕学习贯彻党的十九届四中全会精神和开展"不忘初心、牢记使命"主题教育,组织市委理论中心组集中学习13次、市委宣讲团集中宣讲33场,唱响了学思想、用思想的时代最强音。充分利用"学习强国"新平台,组织13万名党员干部掀起大学习热潮,推动习近平新时代中国特色社会主义思想更加深入人心。组织开展重大理论和现实问题研究,在省委《奋斗》刊发哈尔滨市学习宣传贯彻党的十九届四中全会精神理论文章,推出政策解读和理论阐释文章81篇,为哈尔滨市振兴发展提供坚实理论支撑。严格落实意识形态工作责任制，全力抓好网络意识形态工作，认真做好中央巡视组反馈意见整改工作，召开市委意识形态工作领导小组联席会议，制定《市委意识形态工作领导小组会议制度》等16项制度，完善督促检查机制，深入开展"扫黄打非"，确保各类宣传文化阵地可管可控。

二、聚焦全面振兴发展主题，提升新闻舆论传播力引导力影响力公信力

坚持团结稳定鼓劲、正面宣传为主，巩固壮大决胜全面小康、推动改革发展的舆论强势。精心组织"壮丽70年·奋斗新时代""不忘初心、牢记使命""解放思想推动高质量发展""深化作风整顿优化营商环境"等重大主题宣传，组织哈尔滨国际冰雪节、迷人的哈尔滨之夏、哈尔滨国际马拉松等重大活动宣传报道。着力推动媒体融合发展，哈尔滨日报报业集团、哈尔滨广播电视台努力加快整体转型，3区9县（市）县级融媒体中心全部挂牌，打造了一批"现象级"融媒体产品。成立哈尔滨市互联网业联合会和新闻道德委员会，加强网络内容建设，深化网上正面宣传，实施"十百千专业网军"工程，网络舆论生态日益清朗起来。加强改进重大突发事件和敏感舆情引导处置工作，研发《哈尔滨市媒体关系管理与新闻发布工作手册》《哈尔滨市新闻舆论工作考核评估方案》《哈尔滨市网络安全事件应急预案》等，形成全流程"闭环"应对机制，妥善处置一批重大舆情事件，凝聚起推进哈尔滨振兴发展的强大正能量。

三、坚持成风化人成风化俗，彰显哈尔滨新气象新风尚新活力

围绕庆祝新中国成立70周年这条主线，深化拓展社会主义核心价值观建设，唱响礼赞新中国、奋进新时代的昂扬旋律。广泛开展"我和我的祖国"群众性爱国主义教育，"祖国万岁"哈尔滨灯光秀在央视《新闻联播》和《东方时空》播出，庆祝新中国成立70周年音乐快闪、群众演出、文艺晚会等为群众文化生活增添色彩。扎实开展第六届全国文明城市创建，调整市创城工作领导小组，强化顶层设计、统筹指导和推进实施，聚焦城市管理短板和民生难点，落实责任清单、任务清单、负面清单，组织开展

12项专项整治行动,全面加强"创城"督导和问题整改,推动城市环境面貌持续改善。广泛开展弘扬时代新风行动,推进新时代文明实践中心试点建设,推动《哈尔滨市文明行为促进条例》人大立法,深入开展文明出行、文明交通、文明旅游、文明餐桌、文明观赛等活动,持续加强诚信建设制度化和志愿服务制度化常态化,哈尔滨市"志愿服务星期六"荣获全国志愿服务"四个一百"优秀项目。组织开展"最美人民公仆"、"感动哈尔滨"年度人物、"创城公益形象大使"评选活动,涌现出"全国道德模范"马旭、"全国最美奋斗者"梁军、"全国岗位学雷锋标兵"郝丽颖等一批时代楷模。

四、着眼满足群众文化新期待,推进文化精品创作生产和文化产业高质量发展

坚持创造性转化、创新性发展,切实提高文艺作品和文化产品的质量,为人民群众提供丰厚的文化滋养和精神食粮。繁荣文艺精品创作生产,出台《关于贯彻落实中华优秀传统文化传承发展工程的意见》,与中央歌剧院、省委宣传部联合创排歌剧《萧红》在北京和哈尔滨演出5场,受到广泛好评。创排演出歌剧《江姐》、话剧《良宵》;出版《哈尔滨故事》文集;推出大型原创交响乐《新时代的交响》;与央视合拍纪录片《镜头下的哈尔滨》;组织第十二届哈尔滨天鹅文艺大奖评选,承办中国曲协举办的东北地区曲艺作品展演,深入开展"戏曲进校园""戏曲进乡村"等活动。全面深化文化体制改革,推进文化市场综合行政执法改革。发展特色文化和旅游主导产业,全面打造哈尔滨冰雪季,形成独具地方特色的文旅融合业态。加强深哈文化对口合作,促进深圳书城(哈尔滨)文化创意产业园、道台府综合文化创意园等合作项目落地。组织第十五届深圳文博会系列招商推介活动,举办第二届东北亚文化艺术博览会,推动优质文化产业项目"引进来"和"走出去"。

五、精彩讲述哈尔滨故事,展示立体多彩、文明开放的城市形象

坚持把对外宣传工作融入重大节展、媒体传播和文化交流之中,重塑外宣业务、重整外宣流程、重构外宣格局,不断提升哈尔滨在东北亚区域的文化软实力和国际影响力。积极开展主题外宣,邀请中直媒体记者和境外新闻代表团推出系列报道,全方位展示哈尔滨市全面振兴的发展成就,《冰天雪地也是金山银山》新华社客户端点击量超过150万次,《人民日报》、新华社、中央广播电视总台对尚志市元宝村发展巨变进行专题报道,央视《新闻联播》栏目多次报道哈尔滨市优化营商环境举措成效,《香港商报》《香港经济导报》全面宣传哈尔滨市70年来取得的辉煌成就。建立中外媒体联合采访机制,举办中俄"两国三地"媒体交流会、"一带一路"国家主流媒体看冰城大型采访、"抖in美好哈尔滨"宣传活动等,赴俄罗斯莫斯科举办哈尔滨冰雪艺术展,推动"中华冰雪文化走出去"。拓展新媒体传播渠道,《百年记忆——哈尔滨》宣传片产生热烈反响,"冰城夏都""从哈尔滨走出的音乐名家""名人眼中的哈尔滨"等系列网络宣传产品浏览量达550万次,哈尔滨城市知名度和美誉度不断提升。

六、扎实开展"四力"教育实践,全面加强宣传思想文化队伍建设

认真贯彻《中国共产党宣传工作条例》,全面加强党对宣传思想文化工作的领导,全面推进干部和人才队伍建设,打造了一支政治过硬、本领高强、求实创新、能打硬仗的高素质队伍。落实全面从严治党要求,压紧压实各级宣传文化单位"两个责任",扎实开展"不忘初心、牢记使命"主题教育,认真做好第一批主题教育整改落实"回头看"工作。以反对形式主义、官僚主义为突破口,大力倡导"严、细、深、实"工作作风,集中开展整治形式主义、为基层减负工作,下大力度精简会议、文件,切实改文风、转作风、树新风。加强宣传工作队伍建设,开展增强"四力"教育实践,在新闻界开展"走基层、转作风、改文风"主题实践活动,在文艺界开展"深入生活、扎根人民"主题实践活动,在社科界开展"立潮头、悟原理、发先声"主题实践活动,举办全市宣传文化系统领导干部培训班、全市新闻战线提升"四力"推动媒体深度融合专题培训班,切实增强了宣传文化干部的脚力、眼力、脑力、笔力。

守正道　创新局
努力开创宣传思想文化工作新局面

中共齐齐哈尔市委宣传部

一年来,中共齐齐哈尔市委宣传部在省委宣传部的坚强领导和关怀指导下,以习近平新时代中国特色社会主义思想为指导,认真贯彻落实全国及省市宣传思想工作会议精神,紧紧围绕庆祝中华人民共和国成立70周年和"不忘初心、牢记使命"主题教育两条主线,自觉承担起举旗帜、聚民心、育新人、兴文化、展形象的使命任务,服务全市经济社会发展大局,为鹤城全面振兴、全方位振兴提供坚强思想保证和强大精神力量。

一、提高政治站位,强化理论武装,全市党员干部理论素养大幅提高

坚持"强设计、重创新、求实效",不断深化理论学习,切实推动了中央和省市委各项决策部署落地生根。认真、系统谋划市委理论学习中心组学习,制定了《市委理论学习中心组2019年度学习安排意见》,共组织9次学习会议。紧紧围绕主题教育"理论学习有收获"目标,组织了16项系列学习活动,尤其是举办了市委常委班子主题教育读书班,集中学习5天,开展3次深入研讨,取得了扎实的学习效果。积极创新学习方式方法,制定了《关于贯彻落实〈中国共产党党委(党组)理论学习中心组学习规则〉实施细则》,在坚持中心组成员学习讨论这一主要学习方式的同时,带着学习主题和学习内容参加报告会,进行体验式、调研式学习,切实把学习成果转化为推动齐齐哈尔市全面振兴发展的有效政策举措,增强

了学习的吸引力、针对性和实效性。持续推动宣讲向基层、向广大干部群众普及延伸,举办"鹤城讲坛"4期,市县两级组建宣讲团17个,宣讲90余场,直接受众1.8万人次。加强学做结合,组织开展"我为鹤城发展振兴提建议"活动,全市广大党员干部运用所学理论,在破除思想壁垒、解决矛盾问题、推动鹤城全面振兴全方位振兴方面提出建议5 000余条。加强理论研究,调整充实社科专家库60人,强化与广州市的对口合作,举办了第二届北疆智库论坛,聚焦制约发展的突出问题,为齐齐哈尔市产业发展"把脉开方"。

二、坚持阵地管控,增强"斗争精神",保持意识形态领域风清气朗

将意识形态工作作为一项极端重要的工作,牢牢抓在手上。坚决贯彻落实中央和省委关于意识形态工作的要求和部署,严格落实意识形态工作责任制,推动"七个纳入"真正落实。先后在2次市委常委会上研究意识形态工作议题,召开市委意识形态工作领导小组第三次专题会议、2次意识形态工作联席会议,研究部署工作任务,督促各级党委、各部门主要负责同志承担政治责任、领导责任,把意识形态工作放在全局中统筹指导,树立意识形态整体思维,形成党委统一领导、党政齐抓共管、宣传部门组织协调、各部门积极配合、全社会参与的意识形态工作大格局。将意识形态工作巡察与市委巡察同步开展,建立意识形态巡察人员库,积极开展第五、第六轮巡察,持续保持高压态势。扎实推进中央和省委巡视反馈意见整改,按照方案中的时限要求,2019年年底需要整改完毕的任务已全部完成。加强制度建设,年初以来共制定17项工作制度,确保意识形态工作规范有序开展。

三、加强新闻宣传,营造舆论氛围,凝聚起振兴发展的强大力量

壮大主题宣传声势,围绕庆祝中华人民共和国成立70周年、"不忘初心、牢记使命"主题教育、习近平总书记来齐视察一周年等重大事件节点,开设专栏专题9个,累计刊播发稿件700余篇。注重展示亮点,推介优势,传播鹤城好声音。强化对外宣传展示,围绕全市产业项目建设、优化营商环境、脱贫攻坚、发展生态旅游等重点工作,邀请中央、省级主流新闻媒体来齐采访报道30余次,在中央、省级主流媒体刊播发稿件600余篇(条)。注重典型宣传引领,开设人物专栏9个,生动报道了全市各条战线上涌现出的先进人物、行业精英100多人次,营造"比学赶超"的浓厚舆论氛围。加强融媒体传播,与抖音、今日头条等现象级流量平台共同打造政务服务新格局,举办了首届政务新媒体大会,实现了齐齐哈尔市政务头条号、抖音号的集体入驻。组织开展"网络媒体看鹤城"大型主题采访活动,邀请来自全国的38家重点网络媒体以及网络大V、网络主播和网红组成50人的大型报道团队聚焦齐齐哈尔集中采访报道,活动整体网络曝光量达到2.17亿。举办"抖in齐齐哈尔"话题挑战赛,通过"抖音+电视+报纸+户外大屏+新媒体"形式形成全矩阵宣传,达到了全民参与、全民助力城市的宣传效果,网络播放量超过1.9亿次。聚焦人民群众普遍关心的热点、难点、疑点问题,主动回应社会关切,引导社会舆论,理顺社会情绪,相继开设7个新闻舆论监督节目和栏目,深入开展舆论监督。撰写《新闻内参》简报11期,指出制约齐齐哈尔市经济社会发展的主要问题,提出工作意见建议,为领导决策提供参考。持续推进政府机关软件正版化及版权宣传工作,截至目前,政府机关共采购办公软件4 567套,其中教育版3 069套,政府版1 498套。开展"扫黄打非"专项行动8次,全市出动执法人员1 800余人次,检查印刷复制企业650余家(次),收缴各类非法出版物。

四、坚持文化育人,拓宽工作思路,大力发展文化事业和文化产业

以现实题材创作为导向,创作了话剧《情系双龙湾》,龙江剧《青山忠骨》,电影《杜鹃花儿开》《鳌龙沟》,歌曲《总书记来到咱家乡》等一批文艺精品,话剧《卜奎风云》荣获第八届"国际戏剧学院奖"优秀剧目奖。为庆祝中华人民共和国成立70周年,举办大型文艺晚会和主题展览,观众突破4万人次。为丰富群众文化生活,积极开展"元宵灯会""民俗文化庙会""首届话剧节"等特色群众文化活动,参与群众近50万人次。稳步推进公益电影放映工作,全年共完成15 120场。认真抓好中华优秀传统文化传承发展工程,富裕县凭借漫画被文化和旅游部评为"中国民间文化艺术之乡"。组织全市重点文化旅游项目单位参加深圳文博会、中俄博览会、省文博会,共展出玛瑙、陶艺、非物质文化遗产3大类30多项100余种文化旅游精品,成交额59万元,签约额982万元。振兴文化产业发展,积极推进"AA+影视创新创业基地"建设,成立市文化旅游联盟,黑龙江雪鹤文化产业投资有限公司探索市场化运作驻场旅游演出《达斡尔人》。改革院团经营机制,积极加盟国家和省级演艺联盟,建立演员绩效工资制度,激发文艺院团发展活力,文化品牌效应逐步显现,城市名片越擦越亮。

五、强化文明创建,涵养精神高地,着力提升公民道德素质和社会文明程度

推动社会主义核心价值观落细落小落实,着力培养担当振兴发展大任的时代新人。以实施市民素质提升、文明村镇创建三年行动为统领,扎实推进文明城市、文明村镇、文明单位、文明校园、文明家庭"五大创建",实现了城乡文明程度整体提升。推进新时代文明实践中心建设,3个县级新时代文明实践中心、46个乡级新时代文明实践所、202个村级新时代文明实践站建设完毕,实践活动全面展开。注重用典型引带,引领文明风尚,积极开展"新时代最美鹤城人"典型选树活动、"立足岗位学雷锋优化营商环境做表率"实践活动,涌现出全国岗位学雷锋标兵刘伯鸣、全国"人民满意的公务员"刘亚庆、"最美奋斗者"马恒昌等为代表的一大批先进典型,在全社会产生广泛深远影响。加强志愿服务队伍建设,全市新增志愿者55 402人,开展活动次数8 655次。积极营造庆祝中华人民共和国成立70周年浓厚氛围,集中发布"国庆"主题宣传标语口号100条,全市利用户外大屏幕、建筑围挡广告牌、车载电子屏、张贴悬挂标语强化宣传2万余处,新建大型主题宣传铁艺造型50余个,党政机关、企事业单位和主要街路悬挂国旗8万多面。全面加强国防教育,打造了以投资200余万建设的65447部队围墙为代表8个"国防教育一条街",深入开展"国防万映"活动,市委宣传部被组委会评选为全国先进单位。认真贯彻落实全市学校思想政治理论课教师座谈会议精神,建设全市首批"学校思政课教育实践基地"10个,帮助青少年学生系好"人生第一粒扣子",江桥抗战纪念地被中宣部评选为全国爱国主义教育示范基地。

六、加强机关党建,提升"四力"水平,着力打造忠诚干净担当的干部队伍

加强队伍建设,配齐了部班子成员,又先后在市直单位选调年轻干部5名,遴选工作人员3名,选聘公益岗位人员6名,借调2名,干部队伍实现了从"缺兵少将"到"兵强马壮"的转变。着眼强化"四力"水平,组织全市宣传思想文化系统55名干部赴复旦大学培训,充分运用"学习强国"、黑龙江省干部教育网络学院、"鹤城党建在线"等载体平台进行充电蓄能。积极开展机关党日活动,组织机关党员干部参观68旅,集体到影院观看影片《我和我的祖国》,邀请哈工大心理学副教授开展体验式素质拓展训练,举办首届部机关趣味篮球赛。系列活动的开展,凝聚了团队力量,激发了干事创业的斗志和激情。积极参加全市各项文体活动,在市直机关大合唱比赛中,以优异的表现在全市44个参赛队伍中名列第3名。扎实开展"不忘初心、牢记使命"主题教育,坚持读原著、学原文、悟原理,理论水平得到大幅度提升;坚持问题导向,对照党章党规找差距,检视领导班子问题11个;通过调研、"走流程"等,发现问题43个,已完成整改7个,其余问题整改正按时限扎实推进。

高举旗帜　开拓创新
扎实推动宣传思想文化工作高质量发展

中共牡丹江市委宣传部

2019年,牡丹江市宣传思想文化战线聚焦举旗帜、聚民心、育新人、兴文化、展形象的使命任务,全面贯彻《中国共产党宣传工作条例》,扎实开展"不忘初心、牢记使命"主题教育,围绕庆祝新中国成立70周年这条主线,内容领域不断拓展,方法手段不断改进,亮点频现,成果丰硕。

一、筑牢思想根基,引领凝聚高质量发展力量

紧紧抓住领导干部这个"关键少数"。按照"学懂、弄通、做实"的要求,切实发挥党委(党组)理论学习中心组的引领作用,推动广大党员干部读原著、学原文、悟原理。围绕纪念改革开放40周年、防范化解重大风险、庆祝新中国成立70周年等主题,举办市委中心组集中学习12次。发放《习近平新时代中国特色社会主义思想学习纲要》学习用书16.4万余册,供党员干部学习使用。组建市委宣讲团,构建三级宣讲体系,围绕习近平总书记在深入推进东北振兴座谈会上的重要讲话和考察黑龙江重要指示精神,采取互动、研讨等多种形式组织各层面宣讲,让党的创新理论飞入寻常百姓家。全市共组织宣讲3 910余场,受众22.6万余人。

深入推动基层理论学习创新。实施青年理论学习提升工程,打造"青年学习汇"品牌,"雪城理论"微信公众号平台作用得到有效发挥。召开全市党委(党组)理论中心组学习观摩交流会,宁安市委中心组学习的做法,被中宣部作为典型案例在央媒集中宣传报道。"八女英魂 光照千秋"被评为全省优秀理论宣讲微视频。

学好用活"学习强国"学习平台。到2019年年底,全市在职党员注册率达到96%,平均积分达到4 100分。120余篇牡丹江好故事、好声音通过"学习强国"学习平台广泛传播。纵向到底、横向到边的学习格局逐步形成。

开展"不忘初心、牢记使命"主题教育。在全市宣传文化系统中,把"不忘初心、牢记使命"主题教育与深化"四力"教育相结合,先学一步,学深学透,不断提升自身本领,切实推动习近平新时代中国特色社会主义思想入脑入心。

二、聚焦主题主线,礼赞新中国唱响新时代

开展形式多样、广泛深入的主题教育活动。紧扣庆祝新中国成立70周年这一主线,大力开展"奋进新时代·振兴牡丹江"庆祝新中国成立70周年主题教育活动,激发人们爱党爱国爱社会主义的热情。学习贯彻落实习近平总书记在全国学校思想政治理论课教师座谈会上的讲话精神,举办红色历史文化主题思政课慕课大赛,吸引了全市高校、中小学校的千余名思政教师参与。举办红色文化百题知识竞答,吸引了10万市民的参与。"讲红色故事、鼓奋进力量"宣讲活动和红色经典诵读活动累计举办宣讲371场,受教育群众达2万余人。"我和国旗合个影"快闪活动累计举行700余次,参加群众20余万人,全市"同唱国歌 与国旗合影"暨"党员主题活动日"活动短视频在人民网当日点击量突破3.2万,并入选央视移动网专题精选。组织干部群众集中收看庆祝新中国成立70周年大会、阅兵式和群众游行、联欢晚会等庆典活动,举办庆祝新中国成立70周年座谈会等活动,深入学习宣传贯彻习近平总书记在系列庆祝活动上的重要讲话精神,激励干部群众只争朝夕,奋力书写全面小康的时代答卷。

庆祝新中国成立70周年摄影展,反映全市各条战线70年来巨大变化,见证了牡丹江人民创造的辉煌业绩,累计吸引了3万余人次观展。

"不忘初心、牢记使命"第三届书法双年展、"我与新中国同行"主题征文等一系列接地气、聚人气、鼓士气的活动,奏响了礼赞新中国、奋进新时代的昂扬旋律。

全市各地、各级单位按照突出思想内涵、丰富内容形式、加强宣传教育的要求,广泛组织开展"共和国故事汇""我们都是追梦人"主题宣讲等形式多样的迎庆活动,并利用快手、抖音等新媒体广泛传播,激发全市人民的爱国热情和奋斗之志。

三、聚力发展大局,形成舆论宣传强大攻势

突出重大主题宣传。开展"壮丽70年·奋斗新时代"主题宣传,以庆祝新中国成立70周年"追梦乡村行"大型采访活动为引领,媒体记者行千山万水、入千家万户、吃千辛万苦,深入基层一线,走访43个乡镇、120个村屯,行程近万里,创作刊发作品1 200余篇、图片470余幅,生动展示了70年来牡丹江经济社会发展的新成就新变化。围绕贯彻落实习近平总书记重要讲话,贯彻落实省、市委全会精神,扫黑除恶,脱贫攻坚,优化环境,"解放思想大讨论"及"不忘初心、牢记使命"主题教育等开展专题报道11项,开辟专栏30余个,刊发稿件4 000余篇,制作各类片花角标近100个,播发各类公益公告宣传语3万余条(次),为推动振兴发展营造了浓厚舆论氛围。开设"党报监督热线"专栏,推出《市区新增停车泊位1 080个 有效缓解"停车难"》等一批优质民生新闻,受到百姓普遍欢迎和一致好评。在省委宣传部和省记协开展的"新春走基层"践行"四力"评选中,牡丹江市1家媒体被评为先进集体,5位记者被评为先进个人,2篇报道荣获优秀作品奖。

积极把握媒体革新大势,推动主力军加快进入主阵地。市级媒体全网传播态势逐渐形成,纸媒、广播、电视和网站依托不同平台,重大活动和节目开展网络直播成为常态。全媒体直播节目《雪城亮剑·电视问政》,点赞互动2万多次,浏览量500万以上,成为收视热点和关注焦点。六县(市)县级融媒体中心全部挂牌运行,并接入省级技术平台。利用新华社现场云直播平台、人民日报人民号、央视新闻+、快手、抖音,以及微博、微

发展成就

信等多种传播平台,各县市持续推送新媒体产品,传播力、影响力得到有效提升。宁安融媒体中心区域覆盖能力达到500万人,绥芬河10个新媒体平台浏览量达2 000多万人次,"穆棱马小乐"总播放量突破1 600万人次,"林口单条"最高点击量达到120万次。对外宣传打造了上下贯通、内外联动的城市形象宣传新模式,全面展示了牡丹江全面振兴全方位振兴的良好形象。

形成主流宣传强大声势。围绕庆祝新中国成立70周年主线,在全省成功举办了牡丹江专场新闻发布会,近40家中央、省级媒体参加,展现了70年来全市改革发展的新成就新变化。精心安排"不忘初心、牢记使命"主题教育宣传,国家级、省级媒体刊载牡丹江经验做法400余篇(条),《打通服务群众"最后一公里"》在《人民日报》刊发,宁安市推动中心组学习规范化制度化做法在央视《新闻联播》播发。冬季旅游宣传浓墨重彩,《央视直播间》《共同关注》《东方时空》等节目连续3天10次播发牡丹江市冰雪旅游,《香港商报》连续7天在"推特"和官网以图文视频形式密集刊发牡丹江市冬季冰雪报道,引发全网转发转载。全年共向中央、省级媒体推送发稿2 000余篇(条),央视《新闻联播》播出9条,在《人民日报》和新华社推出内参5篇。

积极探索全新传播手段。举办"最美牡丹江"短视频大赛,建立66家三级政务短视频矩阵,发布作品6 000余条,话题浏览量9亿多次。实现同时调动"专业"和"非专业"、体制内和体制外多支队伍的积极性,让专业的人更接地气,让非专业的人更有质量,让体制内动起来,让体制外正起来,携手打造了牡丹江政务短视频传播新形态。《短视频矩阵促"政通"强服务》入选全省创新案例。《牡丹江牵手"快手"打造城市营销新模式》入选全省第一季度宣传思想文化工作"十大亮点"。

打造系列对外推介亮丽名片。《冰雪胜境 避暑天堂 牡丹江》10秒形象宣传片在央视《朝闻天下》黄金时段播出。《中国国家人文地理·牡丹江》分卷编印出版。《美在牡丹江》城市宣传片因其大气雄浑、婉约优美得到广泛传播和赞誉。

四、深化创建活动,推动精神文明建设开新局

2019年9月5日,第七届全国道德模范名单揭晓,危难时刻无所畏惧、机智勇敢与行凶者搏斗的周伟被授予全国见义勇为类道德模范提名奖。

围绕优化营商环境、弘扬新风正气、庆祝中华人民共和国成立70周年等重大主题,大力选树宣传践行习近平新时代中国特色社会主义思想先进典型。着眼市榜样和道德力量,组织全市干部群众广泛推选了最美退役军人、最美消防救援抢险战士等一批最美牡丹江人。蒋开儒、金桂兰被评选为"'与祖国同行·汇龙江群英'70年70人"重大典型。组织拍摄电影《金桂兰》,让宝贵的身边典型事迹影响人感染人教育人。中共黑龙江省委宣传部举办了宋兰堂同志先进事迹报告会,弘扬宋兰堂"以生命践行'四力'"的责任担当精神。举办"不忘初心、牢记使命"主题教育李燕敏先进典型事迹报告会,授予李燕敏同志"牡丹江楷模"称号。2019年,孙万春、杨博韬等5人分别获得全省道德模范称号及提名奖,苏桂平等20人荣获"龙江好人"称号,7个家庭获得省级"文明家庭"称号,引领全社会崇德向善的道德风尚。

以全国文明城市创建为龙头,开展群众性精神文明创建活动,全面推进文明单位、文明乡镇、文明村(社区)、文明家庭、文明行业等各类创建活动。2019年,全国文明城市创建工作大力推进,"两单一会"制度提升了创城的精准化和实效性,扎实组织开展市民素质、交通秩序、背街小巷、住宅小区、窗口行业等十个方面提升行动,推动1955个关乎民生的大大小小问题得到有效整治,城市街头烧纸的习俗得到明显改变。按照中央和黑龙江省关于深化拓展建设新时代文明实践中心试点要求,打造出全省试点"宁安路径",并成功跨入全国试点行列。全市共有市级以上文明乡镇48个,占比87%;文明村568个,占比64%,提前完成"十三五"文明村镇建设任务。同时,还涌现出一批农村精神文明建设文化活动品牌,宁安文体大联赛、海林"村晚"等活动影响广泛,广受好评。

志愿服务取得新进展。全市志愿服务"四率"稳居全省第二,志愿者

注册率为45.78%,参与率为75.54%,星级志愿者占比为10.95%,志愿者认证率为2.97%。各级志愿服务组织和广大志愿者积极参与"创建文明城·志愿我先行""文明交通志愿者在行动"等主题志愿服务活动,涌现出一批优秀志愿服务组织和志愿者。牡丹江税务局被中共黑龙江省委宣传部推荐为全国岗位学雷锋示范点。在全国学雷锋志愿服务"五个100"评选中,有1名志愿者荣获"最美志愿者"称号,1个志愿服务组织荣获"最美志愿服务组织"提名奖。在全省"五个100"评选中,共有45个志愿服务组织和志愿者受到各种奖励,志愿服务成为雪城不褪色的文明符号。

未成年人思想道德建设取得新成效。积极巩固发展全国未成年人思想道德建设工作先进城市称号,全面开展"扣好人生第一粒扣子""童谣唱响新时代"等主题活动,举办"新时代好少年"学习宣传活动暨颁奖典礼、"中华优秀传统文化进校园"作品展等活动,20所学校荣获省级文明校园先进集体、标兵等称号。到2019年,累计建成中央级、省级及自建乡村学校少年宫56所,覆盖全市所有行政村。全省中央彩票公益金支持乡村学校少年宫项目建设培训暨工作推进会议在牡丹江市召开。

五、扛起政治责任,坚决管好思想文化阵地

全面深化国防教育阵地建设。以"传承红基因,共筑强大国防"为主题,广泛开展国防教育日主题宣传、八一军事日等宣传活动,全市各县(市)区全面推动国防教育主题公园、国防教育一条街提档升级,兵要地志、英烈人物廊成为新的城市地标,构筑了《中华人民共和国国防法》《中华人民共和国兵役法》《中华人民共和国国防教育法》的常态化宣传阵地。

筑牢新闻出版领域的安全屏障。持续开展"固边"等五大专项行动,查处了一批违法违规行为。在元旦、春节、"两会"、国庆节等重要节点组织专项检查,切实维护市场秩序和意识形态安全。开展"绿书签"集中宣传活动,整治有害出版物及信息。代表全省顺利通过国家"扫黄打非"办组织的省际互检。市文化市场综合执法支队和市"扫黄打非"办分别荣获国家和省级"扫黄打非"先进集体称号。

六、积极担当作为,繁荣文化事业干出活力

大力繁荣群众文化。持续开展"我的中国梦 文化进万家""结对子·种文化"等活动,惠及群众近10万人次。全年举办"礼赞新中国、奋进新时代"社区群众文化展演、"同城阅读·悦读阅美"等系列主题文化活动200余场。牡丹江市广场舞大赛、林口县农民春晚在国家公共文化云上进行了直播。在全省第二届社区文化艺术节上,牡丹江市选送的节目荣获9个一等奖、20个二等奖、5个三等奖。

扶持新文创产业发展。将新文创产业纳入市级产业发展战略,出台《牡丹江市关于促进文化创意产业创新发展的指导意见》,向省规划储备项目推荐10个具有牡丹江市地方特色的新文创类、文化旅游类和工艺美术类等产业项目,为华创文化产业园项目争取资金300万元。组织鞑鞡绣、唐满文化等企业参加中国第十二届艺术节、哈洽会、深圳文博会等展会,扩大地域文化产品的知名度和影响力。牡丹江市新文创产业的发展受到业内人士的关注,被誉为"东北野战军"。

不断推进公共文化服务体系建设。启动市图书馆功能改造提升工程,全市各级文化馆、图书馆分馆及支馆总数达到300余家。基层文化服务设施建设有序推进,制定乡镇、村(社区)文化设施建设标准,开展乡镇综合文化站专项整治和村级文化活动场所标准化建设。拓宽数字电影服务领域,建立66支农村电影放映员队伍,全年为村民放映电影10 644场。整合基层公共文化资源,推广数字文化服务新模式,建成牡丹江公共文化云数字服务平台,并投入使用。

深化红色文化之城建设。完成《红色文物地图集》《红色文物普查工作报告》的编撰等工作。空军起飞遗址群被列入第八批国家级文物保护名录,牡丹江市被认定为人民空军起飞地,计划在牡丹江市建设全国第一个位于首都之外的"空军红色基因传承教育基地",打造一流、高端、大气的中国"新航空人"的圣地摇篮。中共六大纪念馆、杨子荣纪念馆、镜泊湖抗联密营纪念馆等一批新建翻建的红色文化场馆和设施相继落成,并对外开放。大型音舞诗画剧《让历史告诉未来》、电影《马骏》等高水准的红色文艺精品不断涌现。原创歌舞史诗《永不磨灭的信念》在上海市虹口区举行域外首演。牡丹江师范学院中国抗联研究中心举办的"弘扬东北抗联精神,保护红色遗址遗迹"学术研讨会,吸引了来自全国高校的100多名红色文化研究专家参会。中国高等教育学会在牡丹江市东北抗联精神党性教育基地举办了2019年学术交流年会。牡丹江市红色文化之城的朋友圈不断扩大,影响力持续提升。

文旅融合持续深化。积极组织"公共服务进景区"系列活动,先后在镜泊湖、三道关等景区开展演出活动7场。强化文旅融合项目推进,推进东北抗联红色文化综合体项目建设,与中投新燎原、中青旅等企业签订战略合作框架协议,爱熊猫小镇、中俄韩远东商旅小镇和三道关生态康养综合小镇等项目加快推进。强化文化活动与旅游宣传相结合,围绕民俗风情、特色美食等设计推出6大系列18项主题活动,取得了以节造势、以势聚人的效果。

守初心　担使命
为推动全市高质量发展注入强大精神动力

中共佳木斯市委宣传部

2019年,佳木斯市宣传思想文化战线在省委宣传部的悉心指导下,在市委的坚强领导下,牢固树立"四个意识",始终坚定"四个自信",坚决做到"两个维护",自觉肩负起举旗帜、聚民心、育新人、兴文化、展形象的使命任务,推动习近平新时代中国特色社会主义思想和党的十九大精神在三江大地深入人心、落地生根,为推动佳木斯全面振兴全方位振兴提供了坚强思想保证和强大精神力量。

一、理论武装持续深化,习近平新时代中国特色社会主义思想更加深入人心

把学习宣传贯彻习近平新时代中国特色社会主义思想作为首要政治任务,结合学习贯彻党的十九届四中全会精神,结合"不忘初心、牢记使命"主题教育,结合"解放思想推动高质量发展"大讨论活动,理论学习聚焦时代前沿、理论宣讲立足全面系统、理论研究注重学用结合,推动党的创新理论取得明显成效。

1. 理论学习氛围浓厚。市委理论学习中心组率先垂范,围绕习近平新时代中国特色社会主义思想、党的十九届四中全会以及脱贫攻坚、扫黑除恶、生态保护等中心工作开展专题学习,学习紧跟形势任务需要,内容广泛丰富;着力在读原著、学原文、悟原理上下功夫,采取市级领导领学、集中封闭自学、撰写心得促学等方式开展各类专题学习,共组织开展集中学习27次,有效发挥了市委理论学习中心组示范带头作用。精心编印《中心组学习参阅》8期,为中心组学习提供参考。同时,面向全市广大干部群众创新推出"学习+党建""学习+典型选树""学习+文艺""3+"同步学习模式,增强了学习的感染力、吸引力,在全市掀起了学习热潮。充分做好"学习强国"学习平台推广使用工作,目前,相互赶超"学习强国"学习平台学习积分已在党员干部中蔚然成风。

2. 理论宣传广泛覆盖。坚持对象化、分众化、互动化、通俗化的原则,依托"习近平新时代中国特色社会主义思想进万家""送理论下基层"等活动,组建各级宣讲队伍10余支,通过专家学者讲理论、领导干部讲政策、群众百姓讲故事的形式,推动党的创新理论更加深入基层、深入人心;充分发挥社区、村屯微信平台作用,持续开展理论微宣讲活动,以充满生活气息和情感温度的宣传宣讲,推动科学理论在基层热起来。

3. 理论研究成果丰硕。聚焦实践需要,围绕全市重点难点工作开展理论研究,在《奋斗》杂志刊发理论文章10篇,在《佳木斯日报》刊发理论专版10余期,为市委市政府科学决策提供了智力支持;组织课题攻关,全年结题80余项。

二、意识形态工作全面推进,马克思主义指导地位更加巩固

坚持标本兼治、重在治本,从抓领导、抓制度、抓培训、抓防范、抓整改、抓提升入手,推动意识形态工作补弱增强,切实维护意识形态领域安全。

1. 制度不断健全。制定了《2019年佳木斯市意识形态领域风险点及防控措施》,下发了《意识形态阵地管理制度》等6项工作制度,出台了《网络媒体意识形态管理制度》,意识形态工作管理常态化、长效化机制逐步完善。

2. 责任制全面落实。市委常委会专题研究意识形态工作4次,市委意识形态工作领导小组召开会议3次,推动意识形态工作责任层层传导,任务层层落实。研究部署责任制落实,全面加强新闻舆论、网络宣传、思想教育等11方面阵地的管控和引导,确保意识形态安全。

3. 整改任务落实到位。把省委第二巡视组反馈意见作为整改工作的重中之重,组建工作专班。高度重视网络阵地管理,定期开展网络安全风险排查。

三、新闻宣传强劲有力,正能量更加充沛、主旋律更加高昂

秉承"跟中心、强策划、深分析、重管理、促融合"的工作理念,突出选题策划,强化统筹调度,通过全媒体报道、多视角呈现、全社会参与的方式,构建了多载体、立体化的新闻传播架构,更好地发挥了主流媒体的引领和导向作用。

1. 主题宣传生动鲜活。紧紧围绕党和国家重大决策部署,省、市委的重要会议和重点工作,整合媒体资源,策划组织了深化作风整顿优化经商环境、"不忘初心、牢记使命"主题教育等重大主题宣传战役,推出了2 600余篇高质量新闻报道,营造了强劲舆论声势,提振了干部群众精气神。积极开展民生领域宣传报道,在讲故事、挖细节上花心思,在时、度、效上下功夫,重磅推出了"我的奋斗我的梦""见证辉煌""城市脊梁"等一系列典型人物报道200余篇,充分展示了城市的温度,凝聚了奋进力量。坚持"移动优先"发展思路,强化互联网思维,充分利用H5、VR等新技术新模式新手段,创新推出系列融媒佳作,"掌上佳木斯"总点击量达到4 000多万,"智慧佳木斯"推出多项新功能,融媒体传播优势充分显现。成功举办全省"守初心 担使命 重走抗联路"主题采访调研活动启动仪式,来自全省的新闻媒体记者、党史专家等2 000余人参加仪式,向全省充分展示了佳木斯作为抗联诞生地、核心区为抗战胜利所做出的巨大贡献。

2. 舆论监督及时有效。充分发挥《行风热线》《行风在线》等品牌栏目的作用,围绕百姓关注的教育、医疗、供热等问题,推出主题直播41期,开展质询活动6场,共收到公众质询问题207个,现场解答67个,完成整改50个,架起了干群连心桥,促进了机关作风转变,有效化解了社会矛盾。

3. 新闻管理不断加强。以"新闻管理强化年"为牵动,以"抓学习、查隐患、堵漏洞、保安全"活动为载体,在新闻宣传领域全面开展安全隐患和安全漏洞的排查整改工作,及时排除安全隐患,解决薄弱环节,切实保障新闻宣传内容安全、传输安全、刊播安全。

四、文明建设纵深拓展,全市人民爱家乡建家乡的热情更加饱满

始终把社会主义核心价值观建设贯穿于公民思想道德建设和精神文明建设全过程,创新载体和形式,坚持常抓不懈,推动其落地生根,开花结果。

1. 庆祝新中国成立70周年系列主题活动影响深远。统筹理论宣传、新闻宣传、文艺宣传、社会宣传、对外宣传资源,集中发力,打好组合拳,形成集束宣传效应。在全市重点开展了"庆祝中华人民共和国成立70周年"主题新闻宣传活动、"守初心 担使命 弘扬抗联精神"主题实践活动、"寻访70年的感动"全市大型典型选树活动、"百米长卷共书中国梦"活动、"我为祖国歌唱"万人快闪接力活动、"辉煌70年·放歌黑土地"优秀农民文艺节目展演活动、网络媒体三江行主题宣传活动、"我和我的祖国"主题文艺晚会、"歌唱祖国"——佳木斯市直机关大合唱、"我爱你中国"群众合唱舞蹈会演、"我和我的祖国"——文化新生活全国广场舞示范展演活动暨佳木斯市快乐舞步会演、"时代新人说——我和祖国共成长"演讲大赛、东北抗联文化主题雕塑作品展、"庆祝中华人民共和国成立70周年——佳木斯市第五届菊花艺术展"等多项大型活动,充分展示了新中国成立70年来佳木斯各项事业发展的生动实践和可喜成就,充分反映人民群众生活的新变化和实实在在的获得感,激发人们爱党爱国爱社会主义的情感,营造了全市上下同庆祖国70华诞的浓厚氛围。活动共推出宣传报道稿件320余篇,悬挂国旗、标语8万余面(幅);系列活动引起《人民日报》、新华社、中央广播电视总台等10余家主流媒体的广泛关注,产生良好的社会反响。

2. 新时代文明实践中心建设成效初显。以打通宣传群众、教育群众、关心群众、服务群众"最后一公里"为目标,坚持"十有"工作标准,构建"四级联动"的工作格局,打造"五位一体"的实践阵地,开展"六种形式"的实践活动,推进新时代文明实践中心建设工作落地落实、常态长效。全力推进新时代文明实践阵地示范建设,已建成实践中心6个、实践所34个、实践站95个。桦南县、汤原县被确定为全国试点。以志愿服务为主要形式,广泛开展"讲、树、治、助、乐、庆"六种新时代文明实践活动,佳木斯在全省志愿服务工作综合测评中位居前列。在汤原县组织召开全市新时代文明实践中心建设工作现场会,市委书记徐建国出席会议并讲话。省委常委、宣传部部长贾玉梅在佳木斯调研时对新时代文明实践工作予以高度评价。

3. 群众性精神文明创建活动蓬勃开展。广泛开展文明城市、文明村镇、文明单位、文明校园、文明家庭创建活动,市民文明素质和社会文明程度进一步提升。桦南县大力推进全国文明城市创建,富锦市、同江市被评为省级文明城市。充分发挥农村精神文明建设在助力乡村振兴中的重要作用,县级及以上文明乡镇和文明村占比分别达到72%和53%。强化文明单位、文明校园动态管理,97个单位和校园荣获省级表彰。积极拓展文明家庭创建内容,结合脱贫攻坚工作,重点选树一批自强自立、脱贫致富的家庭典型,73个家庭分获省、市级文明家庭称号。扫黑除恶、优化营商环境、脱贫攻坚等主题社会宣传广泛持续,在全市营造了浓厚氛围。

4. 先进典型选树工作成果丰硕。在巩固提高既有典型的先进性、示范性和影响力的基础上,通过"主动找、基层推、媒体选"等方式,选树了一大批立得住、叫得响的先进典型。李在根、刘英俊、邵云环、张丽莉等入选全省"70年70人"模范人物。武大靖入选全国道德模范,陈淑梅获全国道德模范提名奖。3人入选第七届全省道德模范,1人荣登"中国好人榜",26人荣获"龙江好人"称号。佳木斯作为唯一地市代表在全省学习宣传第七届全国和全省道德模范座谈会上做典型发言。桦南县成功承办全省"龙江好人榜发布暨道德模范现场交流活动"。未成年人思想道德建设不断加强,桦南县席海钰荣获全省"十佳新时代龙江好少年"称号。

五、文化事业繁荣发展,人民群众的文化生活更加丰富

立足文化乐民惠民,不断激发文化创新创造,人民群众的文化获得感和幸福感显著增强。

1. 公共文化基础设施日益完善。县级两馆达标、基层综合服务中心建设、电影管理、广电传输保障、景区提档升级等工作通盘谋划、相互促进,对72个乡镇综合文化站、村文化活动室进行综合治理,文化阵地更加巩固。打造了"全民阅读基地""历史文化教育基地""群众文化培训基地""爱国主义教育基地"4个基地,标准化、均等化的现代公共文化服务体系日益完善,服务效能显著提升。电影市场监管更加规范,完成了农村数字电影放映工作,共放映1.14万余场,观影61万多人次;开展爱国主义影片免费观影活动,播放电影400余场,观影1万多人次。

2. 文艺精品不断涌现。深入落实《佳木斯市文艺精品创作五年规划》,完善"深入生活、扎根人民"长效创作机制,组织广大文艺工作者,把握时代主题,持续推出高水平、接地气、有市场的优秀艺术作品。创排革命历史题材话剧《燃烧的旋律》,作为全市"不忘初心、牢记使命"生动教材,在全市巡演18场,观看人数1.2万余人;精细打磨加工扶贫题材话剧《在路上》,在各县(市)和七台河市巡演8场,助力扶贫攻坚,被推荐参评"五个一工程"奖;满族(女真)民歌《万春之鹰》荣获全省首届非遗少数民族歌舞大赛声乐组金奖;文创产品"通关文牒""赫哲风情系列抱枕"获首届龙江文化创意设计大赛优秀作品奖;《决战黎明》《铁血三江》在省优秀纪录片评选展播活动中获优秀纪录片奖;微电影《教练妈妈》获得第七届亚洲微电影艺术节最佳作品奖、第六届黑龙江省微电影微视频大赛一等奖,并在第四届"中国梦·冬奥情·京津冀"微视频(微电影)主题原创作品征集活动中荣获"冬奥情"主题优秀表彰作品;报告文学集《与改革同行》正式出版发行;佳木斯创作的音乐快板《新六十点》、小品《扶贫情缘》、情景歌舞剧《赫哲新歌》分获"辉煌70年 放歌黑土地"全省优秀农民文艺节目会演金、银、铜奖。制作《我们的初心》专题教育片在全市播放。

3. 群众文化活动精彩纷呈。以群众需求为出发点,在不同节庆时间节点推出形式多样、各具特色的文化活动,烘托节庆气氛,丰富群众文化生活。先后举办了2019年百姓春晚、"百花迎春"佳木斯市文学艺术界春节联欢会、黑龙江省第二届社区文化艺术节、八一军警民联欢会,以及"红色文艺轻骑兵""梦想的放飞"青少年美术作品展等各类演出和展览约650余场,惠及群众20多万人次。市文联及各协会组织举办了首届佳木斯美术作品双年展、"三江杯"剪纸艺术展、"我用歌声赞美您"佳木斯本土原创歌曲展播、"双百征文"颁奖等多项专业展览。各地结合本地特色,举办了"富锦稻田音乐会""同江中俄边境文化季""美丽桦南清凉之夏广场文化活动""汤原红色文化艺术节""桦川稻香节""抚远夏之梦广场文化周"等形式多样的文化活动,为百姓送夫了丰富的精神文化食粮。

4. 文化遗产保护有效推进。坚持保护与利用并重、挖掘和传承结合、交流和宣传同步,大力弘扬独具特色的三江文化。向文旅部申报国家级赫哲族文化生态保护实验区,推荐赫哲族乌日贡大会等6个项目申报第五批国家级非物质文化遗产代表性项目;赫哲族历史文化遗产系列丛书被列入国家"十三五"重点图书项目,获全国出版界最高荣誉;制作了全国首部赫哲族民族生态学国家级非物质文化遗产赫哲族鱼皮制作技艺专题片,先后同中山市博物馆、珠海市博物馆开展《锦绣天成——赫哲族鱼皮制作技艺专题展》馆际交流合作,加强赫哲族文化宣传推介。成立了佳木斯市戏曲艺术传承中心,举办了"薪火传承梨园情"尚派艺术传承学习班,传承弘扬戏曲文化。推荐民间文学、传统技艺等十大类别34个项目申报第六批省级非遗名录,确定传统舞蹈、传统美术等五大类别37位传承人入选佳木斯市第六批市级非物质文化遗产名录代表性传承人。对30处国家级、省级文物保护单位进行安全检查,完成了国保单位"两线"划定工作,发现文物遗址3处、抗联密营1处。完成国保单位前董家子古山寨保护站房的建设,设置城垣、城壕标志牌等保护设施,推出挹娄文化参观游。

六、文化体制改革稳步推进,文化发展更富活力

以激发活力为目标,以培育市场主体为重点,以转变政府职能为抓手,推动文化与互联网、高科技融合发展,文化市场主体、经营方式日趋多元,文化产业规模不断扩大。

发展成就

1. 文化体制改革不断深化。召开了文化体制改革专项小组会议2次,成立由市委书记为组长的市直新闻单位改革筹备组,成立改革考察团,到全省其他地市学习先进经验。开展了暑期文化和旅游市场集中整治行动、2019年全市文化和旅游市场整治行动等针对全市文化旅游市场及领域的各类专项整治及检查行动30余次。

2. 县级融媒体中心建设稳步推进。组织召开佳木斯地区融媒体项目需求对接会,与龙江广电网络公司建立便捷的沟通交流运作方式,采取试点先行分步走的策略,通过抓好富锦市和桦南县两个试点建设,有序有力带动佳木斯地区其他县(市)融媒体中心建设。佳木斯市所属六个县(市)融媒体中心现均已挂牌;富锦市、桦南县融媒体中心已接入省级技术平台开始试运行,佳木斯融媒体中心建设走在全省前列。

3. 文旅融合步伐加快。加强顶层设计,深度挖掘文化内涵,举办了全市旅游大会,研究推进旅游产业发展。三江"杏花节"万人巡游、冰雪文化季展演、东极之冬等70余项系列活动圆满成功,在全省乃至全国产生热烈反响。推进景区景点建设,乡村旅游基础设施不断完善,延长了桦南森林蒸汽小火车旅游线路,三家乡村旅游企业被评为省级乡村旅游示范点,同江市街津口旅游度假区晋升为国家4A级旅游景区。发挥赫哲文化独特优势,制定了《佳木斯市赫哲文化产业三年(2019—2021)发展规划》,将建三江管委会旅游景区纳入统一管理范畴,推动民族文化旅游产业发展。成立佳木斯市文化旅游投资集团有限公司,精心打造文创产品,开发了东极磁悬浮地球、东极天府酒等文创产品。积极参加深圳文博会等文化展会,宣传推介特色文化产业项目和产品;主动同深圳华侨城集团就赫哲文化入驻中华民俗村项目进行洽谈合作,达成了入驻协议,为展示佳木斯特色文化提供了平台。

七、对外宣传声远势强,城市知名度美誉度更加响亮

秉持"高站位、强设置、促联合、出精品"外宣总体思路,抓重点强策划、抓人脉拓平台、抓整合促联动,调动内外积极因素,持续擦亮城市名片。

1. 主题外宣声势强劲。立足佳木斯"四大战略"目标，依托四大"采访线"工程，高点站位强策划，科学把握时度效，主题宣传成效明显。聚焦全国"两会"等时政焦点传播高端声音，抢前抓早、超前谋划，佳木斯全国人大代表成为主流媒体热点追踪对象；聚焦主题教育、落实四中全会精神等核心议题抢占报道先机，强化前期策划，邀请央媒采访，佳木斯推动主题教育典型经验在新华社、《人民日报》首发；聚焦"金凤还巢""央企佳木斯对接行动"等活动梳理新闻点，强化宣传推广，助推经济发展；聚焦抚远市申报"边境之窗"建设项目，在口岸城市窗口陈列发放《习近平谈治国理政》（俄文版），强化习近平新时代外交思想对外宣传力度；聚焦提升市民荣誉感归属感，在学校、车站、社区、农村发放佳木斯画册3 000余册，推动外宣品广泛覆盖；聚焦增强政务新媒可读性和传播力，"佳木斯政务"微信公众号跟中心、开专题，创新推出H5、短视频系列融媒新产品，点击率、关注度持续提升；聚焦营造良好网络舆论氛围，充分发挥网评员作用，开展网络正面舆论引导，网络空间更加清朗。

2. 对上报道成果显著。全年共接待外来媒体36批130人次，国家级媒体刊发110余篇，《黑龙江日报》要闻刊发180余篇、专版刊发117篇，央视《新闻联播》2次关注佳木斯；哈洽会期间佳木斯在新华社等媒体发稿30篇，数量居于全省前列。

3. 新闻发布准确及时。落实《佳木斯重大事件新闻发布实施意见》等制度，积极回应社会关切，召开三江国际旅游节、网络安全周启动仪式等新闻发布会16场。特别是成功组织"壮丽70年·奋斗新时代"庆祝新中国成立70周年主题系列新闻发布会佳木斯专场，人民网等4家媒体全程图文直播，新华网等20家媒体集束传播，国新办"国新发布"App头题转发。

八、出版和版权管理不断加强，版权市场更加规范

立足于打基础、强管理、谋创新、促发展，扎实推进各项工作，取得了显著成效。

1. "扫黄打非"工作扎实推进。开展"清源""固边""净网""护苗"

"秋风"五大专项行动,在重要时间节点组织清查整治专项行动8次,不定期抽查40余次,确保文化市场平稳有序。完成上级部门转办案件4起,市级案件1起。成功举办黑龙江省"绿书签行动"启动仪式暨佳木斯"绿书签行动"集中宣传周活动,受到上级媒体广泛关注。桦川县四马架镇会龙村成功入围第三批全国"扫黄打非"进基层示范点。

2. 印刷发行管理水平明显提升。加强内部资料管理,完成了准印证和出版发行单位年度核验工作。加强新闻出版许可便民服务,所有许可事项均实现不见面网上办理。加快全市农家书屋综合评估指标体系建设,推进农家书屋提档升级。积极探索数字化阅读,佳木斯"咪咕"阅读在全国排名第五位。农村阅读工作成果喜人,佳木斯荣获2019年新时代乡村阅读季全国优秀组织奖。

3. 版权管理力度不断加大。建立完善联席会议、目标考核、信息通报和督办检查等系列制度。开展"剑网2019"专项行动,打击网络侵权盗版行为。常态化开展正版软件督查,有效维护软件市场秩序。

九、队伍建设全面加强,事业发展根基更加稳固

按照中宣部关于宣传思想战线增强"四力"教育实践工作的部署和要求,结合"不忘初心、牢记使命"主题教育,以提升政治引领力和干部人才队伍适应新形势、新任务的能力为目标,全面加强队伍建设。

1. 主题教育深入开展。认真开展"不忘初心、牢记使命"主题教育,通过学习教育、调查研究、检视问题、整治整改等坚定了理想信念,转变了工作作风。深入学习《宣传工作条例》,推动条例实施。完成了机构改革各项工作任务,全面提升宣传工作科学化、规范化、制度化水平。

2. 干部队伍建设不断加强。调整交流10名正科级干部和1名副科级干部,通过职能转隶、分流调入、公务员遴选等相关干部通道,充实部机关优秀干部5名;完成报送宣传文化系统事业单位需缺人才专业目录,将5家事业单位36个岗位纳入《市属事业单位需缺人才专业目录》,充实了机构力量,焕发了队伍活力。围绕新媒体融合发展等难点问题,先后邀请长江韬奋奖获得者、新华社领衔记者徐江善等专家做辅导,答疑解惑展思路;加强新闻发言人队伍建设,对机构改革后的发布单位、新闻发言人重新审核备案,10个县(市)区75家单位212位发言人建档入册,做到发布单位扩面全覆盖,发言人队伍充实再提升;开展了版权执法专题培训,提升全市版权执法水平;以"结对子、种文化""百万文化能人培训工程"等为抓手,大力培训发展基层文化人才,先后举办了文学艺术界文艺骨干培训班、"三区"文艺人才暨乡镇文化骨干培训班等各类培训班280余期,培训文艺人才2万多人次,结对子总数超过500个(对),打牢群众文化工作基础;召开市委意识形态责任制巡察工作人员培训会议2次,切实提高了巡察人员理论素质和业务能力。

3. 信息调研工作成果喜人。制定下发了《2019年全市宣传思想文化战线调研方案》,共推出48篇优秀调研成果。高质量完成了中宣部下发的《关于2020年全国宣传思想工作形势和工作》和省部委托的《加快黑龙江省地方特色文化旅游产业发展的调查与思考》重点课题调研任务。在中宣部《每日要情》发稿1篇,开辟了全省地市发稿先河,受到省委宣传部部长贾玉梅批示。在"黑龙江宣传"和《决策参考》发稿量连续两年位居全省各地市之首。精心编辑《佳木斯宣传》部刊12期,为基层宣传工作提供交流平台。《扶贫路上的人生永恒》《关于思想文化扶贫的实践与思考》被省委宣传部评为年度优秀调研成果;《幸福四季行 媒体话振兴》被省委宣传部评为年度优秀信息稿件;中共佳木斯市委宣传部被省委宣传部评为年度调研和信息工作先进单位。

坚持守正创新　坚守初心使命

中共大庆市委宣传部

2019年,中共大庆市委宣传部在市委的正确领导下,紧扣学习宣传贯彻习近平新时代中国特色社会主义思想这条主线,紧紧围绕大庆转型发展实际,认真履行举旗帜、聚民心、育新人、兴文化、展形象使命任务,扎实打基础、着力强特色、守正求创新,为推动大庆全面振兴全方位振兴提供强大思想力量、舆论支持、精神动力和文化引领。

一、践行"举旗帜"使命任务,提升理论武装实效

深入学习习近平新时代中国特色社会主义思想,反复学习习近平总书记在深入推进东北振兴座谈会上的重要讲话和对我省重要讲话重要指示精神,跟近学习习近平总书记最新重要讲话文章,认真学习省委十二届五次全会精神以及市委九届四次、五次全会精神,切实把思想和行动统一到习近平新时代中国特色社会主义思想上来,统一到中央、省委、市委重大工作部署上来。优化载体模式,开展"三学三评"活动,组织各级理论学习中心组示范学、机关干部带头学、基层群众普遍学,评选优秀研讨案例10篇、优秀体会文章10篇、学习标兵10名。坚持分众化,注重全覆盖,组织市委宣讲团、县(区)宣讲团、百姓宣讲团宣讲300余场,让党的创新理论"飞入寻常百姓家"。做好研究阐释,围绕推动大庆全面振兴全方位振兴的现实路径、大庆精神铁人精神新的时代内涵等,发表理论文章153篇,立项社科规划134项,结项84项,编印《2018年社科规划课题研究报告选编》,遴选43篇优秀课题报告,为大庆全面振兴全方位振兴、争当资源型城市转型发展排头兵提供有效理论指导。

二、践行"聚民心"使命任务,奏响主流舆论强音

坚持团结稳定鼓劲、正面宣传为主,围绕庆祝新中国成立70周年、大庆油田发现60周年、大庆建市40周年,承办全省"壮丽70年·奋斗新时代"大型主题调研采访启动仪式,组织"争当排头兵·建设新大庆"主题宣传,开展"媒体看大庆""主流媒体大庆行"等采访活动,策划拍摄电视纪录片《创业之路》,举办《庆祝大庆建市40周年文艺晚会》等系列文化活动,营造"礼赞新中国、奋进新时代、建设新大庆"浓厚氛围,持续壮大主流舆论。《黑龙江大庆开展三个"大庆"活动》被中宣部《每日要情》刊发。深化媒体改革,成立大庆日报社、大庆广播电视台两家事业单位,四县和大同区融媒体中心全部挂牌,努力争当全省媒体改革发展排头兵。加强媒体导向管理,严格执行新闻"三审"制度和新闻例会制度,强化社会热点问题舆论引导,最大限度挤压负面信息传播空间。加强印刷和内部资料性出版物监管,组织"清源""净网""护苗""固边""秋风"等专项行动,全面开展"扫黄打非"工作,有效净化出版物市场环境。出台《意识形态阵地管理制度》《意识形态领域风险点排查研判和监控管控措施》等相关制度,加强意识形态领域风险防控,推动意识形态问题专项整改,组织意识形态主管领导和工作人员培训,开展意识形态工作调研督查,确保意识形态领域安全。

三、践行"育新人"使命任务,构筑时代精神高地

深入挖掘和践行大庆精神铁人精神新的时代内涵,制定《"学铁人、创新业、争排头"推动大庆精神铁人精神新的时代内涵落地生根主题教育实践活动方案》,编印《大庆精神、铁人精神新的时代内涵学习读本》,摆在党员案头、学在干部心头。召开全市社会主义核心价值观和大庆精神、铁人精神"进校园"现场会,总结推广庆风小学"五爱"育人、靓湖学校"四桥文化"、实验中学"三个校园"、东北石油大学"两个阵地"模式,推

动社会主义核心价值观落细落小落实。培育壮大先进典型群体,大庆实验中学教师吕娜荣获全省岗位学雷锋标兵称号,三代"铁人"等4人荣获全省"70年70人"模范人物称号,大庆市公安局社区民警孙杰被确定为全省第二批"不忘初心、牢记使命"主题教育先进典型人物,举办大庆好少年先进事迹发布会,用典型引领新时代风尚。深入开展文明城市创建活动,继续深化"文明有约·美德同行"主题活动,承办全省推进志愿服务暨新时代文明实践中心建设现场会,开展"助力乡村振兴 城乡结对共建""向祖国献礼——志愿者在行动"等活动,组织第十九届省级文明村镇评选和推荐工作,19个村镇获评省级文明村镇(标兵)。

四、践行"兴文化"使命任务,培厚文化发展沃土

举办大庆首届"9·26"文化艺术节,推出名家名曲、国家名团、国际热团、本土原创四大系列10场演出,充分满足市民多元文化需求,打造高层次、高质量的艺术盛会,打响了大庆新的文化品牌。复排经典话剧《地质师》《铁人轶事》,创作推出交响合唱音乐组曲《英雄与梦想》,创作筹拍以弘扬大庆精神铁人精神为主题的电视连续剧《燃点》(暂定名),举办"中国油画名家画大庆"等系列展览活动。国画《好日子》、版画《荣耀》等11幅作品入选第十三届全国美术作品展览;长篇小说《黑焰》荣获第三届"比安基国际文学奖",其作者成为首次获得这一奖项的两位中国作家之一。组织开展"激情之夏""百湖百姓音乐会""我们的中国梦——文化进万家""结对子·种文化""送欢乐下基层""舞动百湖""百团文艺展演"等"我和我的祖国——文化四季风"系列群众文化活动700余场次,受众30余万人次。举办"时代·印痕"大庆工业版画作品进京展,时隔32年大庆工业版画再次亮相京城,展示大庆工业风采和艺术魅力。推动构建"一核四点两带"文化产业空间布局,组织重点文化产业参加深圳文博会、哈洽会,加大招商引资力度,积极引进战略投资者,加快文化产业发展。

五、践行"展形象"使命任务,提升大庆城市魅力

积极与中央和省级媒体开展战略合作,刊播稿件1 700余篇,其中中央电视台《新闻联播》发稿3篇,《人民日报》发稿4篇,《黑龙江日报》刊发专版12期、稿件233篇,黑龙江广播电视台《新闻联播》发稿102篇,在更高层次、更大领域上宣传大庆。策划实施重大外宣事件,录制浙江卫视《奔跑吧》节目并播出2集,拍摄央视少儿节目《最野假期》;制作播出《肆秩芳华》系列短片,集中总结了大庆建市四十年的成绩,展示了良好的形象,《创业之路》《肆秩芳华》等宣传片新媒体累计点击突破亿次。开展"我的大庆故事"系列外宣活动,"端午节黎明湖起龙舟"在央视《第一时间》《传奇中国节·端午》进行连线直播,2019年大庆站中国铁人三项联赛、中国摩托车越野锦标赛、世界斯诺克国锦赛、中国汽车场地越野锦标赛在人民网、新华网、搜狐网、新浪网和央视体育频道等媒体进行刊播,全面展示了大庆城市形象,提升了城市影响力和知名度。

六、践行"四力"新要求,加强宣传思想队伍建设

围绕党的十九大精神和习近平新时代中国特色社会主义思想及省市委重要文件精神,组织宣传部理论学习中心组学习8次,全体党员集中学习6次,通过党小组集中学习、讲党课、党员自学等多种形式推动党员干部认真学习党章党规和总书记系列重要讲话。围绕增强"四力"新要求,组织宣传文化单位对干部开展轮训培训,有效提高宣传思想文化干部队伍能力水平。认真贯彻执行《党政领导干部选拔任用工作条例》,提拔调整部内干部13人,组织公开遴选干部9人。积极开展"不忘初心、牢记使命"主题教育,深化开展党风廉政建设、机关作风整顿和解放思想大讨论,通过重温入党誓言,参观铁人王进喜纪念馆、油田历史陈列馆、廉洁文化公园,观看教育片,筑牢党员干部拒腐防变的防线,激发党员干部干事创业的激情。

七、践行"厉行节约、反对浪费"要求,促进工作提质增效

加强组织领导,成立领导小组,制定下发《市委宣传部厉行节约反对浪费实施方案》,利用集体学习、职工大会等学精神、提要求,不断提升全体干部职工厉行节约、反对浪费的自觉性、主动性。强化制度约束,明确公务接待、公物管理、差旅费、材料印刷费等内部管控制度,严格执行预算费用支出审批制度,形成以制度管人管事、控制开支的局面。严格规范管理,实行"一单三签",报销票据时由经手人、分管领导和主管领导分别签字,约束干部职工按照规定使用经费。进一步精简工作会议和各种活动,提倡开短会,提高会议效率,节约会议开支。

奋发有为　积极作为
为鸡西经济社会发展提供强大精神动力

中共鸡西市委宣传部

2019年,鸡西市宣传思想文化工作按照省委宣传部的总体要求部署,在市委的正确领导下,以学习宣传贯彻党的十九大精神、习近平系列重要讲话精神为主线,认真贯彻落实省市党代会精神、全省宣传部长会议精神和全省宣传文化系统学习宣传贯彻党的十九大精神专题会议精神,以高度的思想自觉、政治自觉、行动自觉,肩负起举旗帜、聚民心、育新人、兴文化、展形象的使命任务,坚持守正创新、积极担当作为,为鸡西经济社会发展提供良好的思想保证、舆论支持和精神动力。

一、深植厚培理论武装根基,重要思想引领新发展

始终围绕学习宣传贯彻习近平新时代中国特色社会主义思想这个首要政治任务,结合"不忘初心、牢记使命"主题教育,大力宣传阐释党的十九大精神、十九届四中全会精神和省委市委全会精神,开展专题讲座440余次,市委中心组成员形成高质量调研报告38篇,并集结成册指导发展实践,带动处级以上领导干部完成专题调研课题857项。市委中心组带头集体学习29次,引领全市68个党委(党组)开展中心组理论学习2 000余次,开展各级各类理论宣讲1 000余场,开设了线上线下同步的"鸡西大讲堂",邀请中共中央文献研究室原常务副主任金冲及、国家和省级专家学者12人开展专题讲座11期。构建全市广大党员干部群众指尖上的精神"加油站",市委讲师团、市社科联在电视台开设"鸡西百姓大讲堂"栏目,在手机新闻客户端"掌悦鸡西"App开辟理论宣讲板块,全市上下掀起利用"学习强国"平台学习热潮,推动了党的创新理论在鸡西大地落地生根、开花结果。

二、浓墨重彩营造喜庆氛围,重头好戏唱响新时代

统筹利用各类传统媒体和新兴媒体,全方位、立体式构建传播矩阵,突出庆祝新中国成立70周年这一主题主线,唱响"礼赞新中国·奋斗新时代"的昂扬主旋律。参加省新闻办组织的主题系列新闻发布会,充分展示了鸡西经济社会发展成果,组织各县(市)区及重点行业召开市级新闻发布会18场。着重激发爱国之情,强化报国之志,域内主流媒体同步开辟专栏专题,组织市、县、区联动的"共和国长子的家国情怀"万人升国旗、唱国歌、佩戴国旗徽章活动,网络直播点击量达35万。组织鸡西市首届文化大集、社区文化艺术节、农民文艺会演、"结对子·种文化"展演等群众性系列文化活动500余场,出版了黑龙江历史文化研究工程课题项目图书《鸡西红色交通线调查研究》,集中推出一批记录牡佳快客鸡西段建设、鸡西大项目建设、珍宝岛当代军人固守边防等彰显时代精神的文艺作品,开展"鸡西画家画鸡西""影像话变迁""鸡西第二届美术作品双年展暨专题创作展"等文艺创作巡展活动,在全市营造了隆重热烈、团结和谐、昂扬向上、奋发进取的浓厚氛围。

三、守正创新做强主流舆论,重大宣传展现新气象

围绕中心、服务大局,打造一批导向正、品位高、影响大的新闻产品,实施每季重点宣传报道策划制度,围绕"不忘初心、牢记使命"主题教育、文明城市创建、大项目建设、招商引资、优化营商环境、作风整顿、脱贫攻坚等全市中心工作开展主题系列宣传,坚持"移动优先、内容为王、创新为要",推出了"掌悦鸡西"App新媒体平台,全媒体多彩呈现、立体化多维推广,营造了扫黑除恶专项斗争的强大声势,汇聚了党员干部和广大群众抗洪救灾的磅礴力量,叫响了"中国石墨之都"和"生态旅游名城"两张名片,在域内主流媒体发稿 3 000 余篇(条),召开新闻发布会 119 场,在上级主流媒体发稿 1 670 余条,提高了鸡西文化软实力和对外影响力。

四、凝魂聚气立稳价值标杆,重心下沉弘扬新风尚

市级领导干部当表率、立标杆,用实际行动感召群众、影响群众、带动群众,吸引更多的人参与到志愿服务活动中来,市委书记带头多次深入基层参与志愿服务活动。截至目前,鸡西市志愿者注册人数达 158 000 余人,注册各类志愿服务组织 1 700 多个。强化了志愿服务制度化保障,成立了鸡西市志愿服务联合会,开展了"情暖鸡西"十大志愿服务行动,形成了"崇德尚礼·月月主题"志愿服务活动品牌。抓好志愿服务典型引领,有 40 个先进典型荣获全省"五个 100"荣誉称号,评选出市级优秀志愿者及优秀组织 60 个。坚持着眼基层、面向一线,打造培育和践行社会主义核心价值观的"样板细胞",先行先试新时代文明实践中心建设工作,五个试点县(市)、区建设新时代文明实践中心(含所、站)95 个。持续深化全国文明城市创建,常态长效抓好农村精神文明建设,统筹推进公民和未成年人思想道德建设,开展"道德模范""鸡西好人""新时代好少年"等评选活动,推出各级各类典型 143 个,密山市密山镇新和村村民刘仕德荣登"中国好人榜"。

五、攻坚克难推动改革破冰,重度裂变释放新活力

扎实推进宣传思想文化系统机构改革攻坚任务,发动思想快融,促动要素强融,积极稳妥推进市、县两级融媒体改革,密山、虎林、鸡东三家县级融媒体中心于 9 月底前挂牌成立,鸡西市融媒发展中心于年底前挂牌成立,初步实现全市各级各类主流媒体集约化、差异化、高效率发展。完成辖区内的森工农垦系统新闻出版、版权、电影管理行政职能工作移交,推进文化市场综合执法改革,整合了文化、体育、出版(版权)、广播电视、电影、文物和旅游七大领域的行政执法职能,健全文化市场综合执法制度机制,进一步强化了文化市场综合执法保障。缩短改革过渡期和磨合期,在全战线开展了"解放思想大讨论""不忘初心、牢记使命""深化机关作风整顿优化营商环境""强四力"等主题教育实践活动,打造政治过硬、本领高强、求实创新、能打胜仗的宣传思想文化工作队伍,一大批展示鸡西宣传思想文化工作创新经验和亮点成就的调研报告、信息稿件被省委宣传部推广转化,调研信息工作在全省排名第二。

六、筑基挖潜积累发展后劲,重在内涵谱写新篇章

按照"宜融则融,能融尽融,以文促旅,以旅彰文"的目标要求,推动文化、体育、旅游一体化发展,文化事业基础加固,密山新开流遗址、鸡东锅盔山城址、鸡西万人坑遗址被列入第八批全国重点文物保护单位,新增5个省级非物质文化遗产项目。文化产业结构优化,培育兴凯湖影视基地、鸡西版画创作基地等省级文化产业试验园区。牵头成立了龙江东部湿地旅游联盟,组织了龙江东部湿地旅游联盟旅游产品推介暨首届湿地冰雪摄影大赛活动,带动各县(市)区"走出去"参与和召开旅游推介会31场,鸡西被国际旅游联合会评选为"最美中国旅游城市"。举办了兴凯湖冰雪越野汽车拉力赛、兴凯湖摇滚马拉松赛、全国桨板公开赛等国际国内群众体育赛事,组织了"赏冰乐雪""百万青少年上冰雪"等系列文体活动。兴凯湖新开流景区晋升为国家4A级旅游景区,虎头旅游景区晋升为国家5A级旅游景区,虎林市获批国家级全域旅游示范区称号。竞技体育成绩显著,在全国第十四届冬运会上,鸡西籍运动员赵子贺、池春雪为黑龙江代表团夺得4枚金牌。在第二届全国青运会上,3名鸡西运动员夺得4项冠军。在世界军人运动会上,鸡西籍队员梁红玉为中国代表团摘金。在全国青少年速度滑冰锦标赛中,鸡西代表队获得5金2铜的历史最好成绩。

坚守初心使命　砥砺奋进新程
为推动城市转型注入精神力量

中共双鸭山市委宣传部

2019年,双鸭山市宣传思想战线以习近平新时代中国特色社会主义思想为指导,全面贯彻落实习近平总书记关于宣传思想工作的重要思想,坚守初心使命、坚持守正创新,为推动城市转型振兴发展注入磅礴精神动力。

一、聚焦工作主题,推动党的创新理论入脑入心

紧紧围绕习近平新时代中国特色社会主义思想开展学习宣传,引导干部群众学思用贯通、知信行统一。制定《中共双鸭山市委理论学习中心组2019年学习计划》,服务市委理论学习中心组集体学习14次。组织全市各级党委(党组)理论学习中心组围绕党的十九届四中全会精神、"不忘初心、牢记使命"主题教育、优化营商环境等专题集中学习3000余次。督查通报2018年全市各县(区)委和市直各党委(党组)中心组理论学习情况。创新党委(党组)理论学习中心组"互听互看互学互进"工作模式,组织8个县区、72个市直及在双中省直党委(党组)结对共促。创办两级"理论超市",储备课题170个,送理论到基层150余场次。举办"不忘初心、牢记使命——我和我的祖国"百姓宣讲21场。举办党的十九届四中全会精神宣讲30余场。集贤县创新推行"5+1"学习模式,有效提升理论学习效果。该县"学习强国"App积分线下兑换图书活动经

验获"黑龙江宣传"推广。宝山区《让"车内考场"和"流动课堂"活跃在全区各个角落》在"学习强国"学习平台刊发。

二、壮大主流舆论,发出转型振兴发展强音

坚持网上网下同频共振,把握方向导向毫不放松,为推动城市转型振兴发展提供有力舆论支持。围绕习近平总书记深入推进东北振兴座谈会重要讲话和考察黑龙江重要指示精神、庆祝新中国成立70周年、党的十九届四中全会,以及省委和市委全会精神等重大主题打响宣传战役。开设"贯彻落实总书记重要讲话 展现双鸭山新气象新担当新作为""壮丽70年·奋进新时代""学习贯彻十九届四中全会精神""坚决贯彻落实'八字方针'加快转型推动经济高质量发展""不忘初心、牢记使命""扫黑除恶专项斗争"等专栏专题20余个,刊播发报道2 300余篇(条)。举办"共和国长子的家国情怀"佩戴国旗徽章活动,全市近万人参加。防汛抗洪抢险救灾期间,宝清县运用全国县级融媒体中心试点建设成果,推出融媒体报道24篇并在央视播出,极大振奋了党员群众保卫家园、战胜洪峰的信心决心。全市在黑龙江省新闻奖评选中,荣获2个二等奖和5个三等奖。《双鸭山市巧借新媒体打好宣介"组合拳"》《双鸭山融媒体冲在重大主题宣传最前线》被列入全省宣传思想文化系统第一季度、第三季度"十大亮点"工作。

三、弘扬核心价值,涵育崇德向善城市品格

强化价值塑造,突出氛围营造,推动社会主义核心价值观深入人心。开展庆祝新中国成立70周年社会宣传,设置各类公益广告7 000余个。组织"学习强国"App推广使用,88家机关、企事业单位建立组织架构,21 578名党员下载注册学习。召开市委常委班子"不忘初心、牢记使命"主题教育全市先优模范事迹专题报告会、扶贫扶志主题宣讲,协办全省弘扬"四大精神"先进事迹巡回报告会双鸭山专场报告,累计受众1 200余人。开展全市"不忘初心、牢记使命"主题教育参观学习活动、送文化科技卫生"三下乡"活动、寻找最美瞬间摄影作品评选、"我的祖国"中小学

校快闪短视频大赛、2019年"畅享山城书香　礼赞祖国华诞"全民阅读活动、"爱祖国、爱家乡、爱边疆"主题教育实践活动和全民国防教育日活动等160余场次，部分活动网络点击量破15万。开展庆祝新中国成立70周年"最美人物"评选活动，宝清县于海河、饶河县冷菊贞入选全省"70年70人"模范人物。尖山区税务局第一税务所被命名为全国学雷锋活动示范点。岭东区团山村、友谊县康乐社区、神华国能宝清煤电化有限公司被评为全省基层思想政治工作示范点。

四、突出文化惠民，丰富全市人民精神生活

严把创作导向、丰富文化内涵，用高质量文化产品服务群众。以庆祝新中国成立70周年为主题，举办广场演出、社区展演、群众文化专场演出等特色群众文化展演活动30余场次。组建20余支"幸福山城"文艺小分队，深入基层开展文化活动60余场次。举办庆祝新中国成立70周年专场文艺会演、"同唱一首歌、同心颂祖国"活动、"庆祝新中国成立70周年——双鸭山市与深圳龙岗区"书法美术摄影联展、"庆祝新中国成立70周年——2019中国油画名家黑土湿地双鸭山写生创作采风活动"等，部分活动视频在"黑龙江宣传"、"学习强国"App播发。宝清县王怀江创作的民俗创新类作品《祥瑞中国》在首届全省文化创意设计大赛中获得金奖。举办双鸭山市非物质文化遗产展览展示活动暨专场文艺演出，被列入全省宣传思想文化系统第二季度"十大亮点"工作。

五、做好对外宣传，凝聚转型振兴发展共识

构建全媒体外宣大格局，广口径、多角度宣传推介双鸭山。围绕全市转型发展、项目建设、营商环境等重点内容，共计邀请接待中央和省级30余家主要媒体120余名记者开展"重走抗联路""资源型城市转型发展""砥砺奋进走龙江""壮丽70年·奋斗新时代""哈洽会""省百大项目建设"等专题报道，全年推出新闻专版18个、报道2 000余篇、重点报道220余篇。以双鸭山发现超大石墨矿为契机，打好外宣战役。市委主要领导在全国"两会"期间接受黑龙江广播电视台专访。圆满完成全省"壮丽70

发 展 成 就

年·奋斗新时代"双鸭山专场新闻发布会展示成就工作,获市委、市政府主要领导批示表扬。全年共组织市级新闻发布会30余场。为扩大城市形象,提高城市知名度、美誉度,协调新华网开设双鸭山频道,播放城市宣传片150万次。在哈尔滨长江路和太平国际机场新华社LED屏每天滚动播放双鸭山宣传片。制作双鸭山形象宣传片及市歌、市情的微推等在黑龙江广播电视台等各种平台上广泛传播。主办组织"赏湿地 观候鸟 游界江 品民俗"双鸭山自驾游体验活动,来自长春、哈尔滨、大庆等地的100余名车友参加活动,媒体刊播发报道110篇。

六、聚焦改革攻坚,推动文化产业加快发展

纵深推进基础性、战略性、牵动性改革任务,在深化改革中激发文化创新发展活力。召开融媒体改革专题会议,结合省委有关要求研究制定媒体改革方案。加快县级融媒体中心建设,全市县级融媒体中心全部挂牌成立。友谊县积极打通信息壁垒,利用县政府网站和"友谊在线"微信平台持续发布政务、民生类信息,为强化县级融媒体中心"媒体+政务+服务"功能做出有益尝试。印发《双鸭山市推进基层综合性文化服务中心建设实施方案》《双鸭山市关于加快构建现代公共文化服务体系的实施意见》,统筹公共文化服务体系建设。推进"三馆"标准化建设,市图书馆南山分馆已开馆。在安邦河湿地配置公共文化服务一体机,宝清圣洁摇篮山滑雪场设立数字图书馆。组织参加第十五届中国(深圳)国际文化产业博览交易会、第三十届哈洽会文化产业展、第十四届黑龙江国际文化产业博览会,以"黑土湿地之都、绿色生态之城"为主题实施展会推介,提升城市知名度和影响力。饶河县《黑金部落》纳入国家文化产业发展项目库。四方台区举办"紫云岭达子香文化旅游活动月"和"向趣出发"冬夏令营活动,助推文化旅游产业发展。

七、狠抓重点环节,全面推进文明城市创建

坚持全面发动、广泛动员,营造全民共建文明城浓厚氛围。召开全市志愿服务座谈会,市委主要领导主持会议并专题调研。召开全市文明委扩大会议,制定《2019年双鸭山市全国文明城市创建目标分解暨责任分工》。印发《双鸭山市民文明手册》《双鸭山创城宣传手册》近10万册。张贴公益广告15 323条,实现城乡公益广告全覆盖。推进基础设施十项工程排查建档,对6个公园、11个广场、84个主次干道开展考察督导。开展"德礼满龙江之'我年青 我奋斗 我骄傲'"系列主题教育实践活动。推进新时代文明实践中心建设,宝清县列入全国第二批新时代文明实践中心序列,尖山区、饶河县列入全省第二批新时代文明实践中心序列。集贤县升平学校创建2019年度中央专项彩票公益金支持乡村学校少年宫项目学校。尖山区、饶河县被评为省级文明城市,友谊县被评为省级文明城市(提名城市)。创建省级文明社区标兵2个、文明社区8个、文明乡镇标兵4个、文明乡镇5个、文明村标兵11个、文明村17个、文明单位标兵27个、文明单位26个、文明校园标兵1个、文明校园2个、文明家庭6户,获评军警民共建共育先进集体和个人4个。获评全国道德模范提名奖1人,省级道德模范2人、省级道德模范提名奖3人、"龙江好人"8人。

八、改进出版发行,促进图书市场有序发展

坚持严把导向、规范市场,打造新时代书香双鸭山。印发《中共双鸭山市委宣传部、市委政法委、市"扫黄打非"工作领导小组办公室2019年"扫黄打非"行动方案》和"固边""净网""护苗""秋风""清源"5个专项行动方案。印发《双鸭山市2019年推进使用正版软件工作计划》,统筹推进全市政府机关软件正版化工作,获省联席会议联合检查指导组充分肯定。推进农家书屋惠民工程,督导2019年全市农家书屋出版物补充更新工作,使用采购资金42.3万元,补充出版物24 640册。启动电影惠民工程,持续开展"每村每月一场"电影放映活动。与农垦、森工系统完成新闻出版(版权)电影职责移交,移交行政审批职能4项,行政监管、检查等职能12项。

九、加强自身建设,打造坚强过硬干部队伍

以政治过硬、本领高强、求实创新、能打胜仗为目标,全面加强宣传思想战线队伍建设。制定《中共双鸭山市委宣传部职能配置、内设机构和人员编制规定》,妥善完成部机关机构改革及干部调整工作。成立中共双鸭山市委宣传部第一届机关党委、机关纪委委员会。开展"不忘初心、牢记使命"主题教育、解放思想推动高质量发展大讨论、我为招商引资做贡献大讨论,组织全市宣传思想战线以研讨会、专题会等形式自觉查找短板、整改落实。市委常委、宣传部部长面向全市宣传思想战线做题为《坚守初心使命 坚持守正创新 推动宣传思想工作不断开创新局面》的党课报告。深入开展增强"脚力、眼力、脑力、笔力"教育实践,举办全市宣传思想文化干部培训班。组织全市宣传文化系统开展年度调研,完成省委宣传部交办调研任务3个。《践行守正创新 助推振兴发展》《宝清县加快县级融媒体中心建设扩大主流媒体影响力形成网上网下同心圆》等10余篇文章在"黑龙江宣传"和《决策参考》刊发。

加强思想道德建设发挥新时代宣传文化工作引领作用

中共伊春市委宣传部

2019年,伊春市宣传思想文化战线认真学习贯彻习近平新时代中国特色社会主义思想,全面贯彻落实党的十九大,十九届三中、四中全会,省、市十二次党代会和省市委全会精神,牢牢把握正确政治方向、舆论导向、价值取向,牢牢掌握意识形态工作领导权,大力培育和践行社会主义核心价值观,切实加强思想道德建设,不断发挥新时代宣传思想文化工作的引领作用。

一、严格落实意识形态工作责任制,做到守土有责、守土负责、守土尽责

充分发挥伊春市委意识形态工作领导小组办公室职能作用,召开市委意识形态工作领导小组集体会议2次、联席会议4次,市委常委会专题研究2次,对重大时间节点全市意识形态领域形势进行分析研判,制定并印发《伊春市意识形态领域风险点排查和防控管控责任分工方案》等7个制度文件。坚持意识形态"三个纳入"工作,将意识形态工作纳入年末考核和领导干部民主生活会,针对全市巡察干部进行2次意识形态巡察工作培训,对市直22家单位和全部县(市)区进行了意识形态工作专项巡察和督查。

发展成就

二、持续深化理论武装,把新发展理念转化为具体思路、工作举措和实际成效

市委理论中心组集体学习完成14次。举办"林都讲坛"首场报告会,召开全市宣传思想文化系统"解放思想推动高质量发展大讨论"座谈会、全市宣传思想文化战线增强"四力"教育实践工作会。组建"不负嘱托、砥砺前行,解放思想推动伊春高质量转型发展"宣讲团,为广大党员干部群众进行主题宣讲45场,受众近万人。完成《关于伊春市思政课的调研》《关于伊春宣传思想文化战线增强"四力"的调研》《关于伊春市公路客运总站的调研报告》3篇调研报告。在2018年度全省调研成果评比中,《让宣传思想工作激发老林区青春活力》《"林海彩虹"是一座政治金矿》被省委宣传部评为优秀信息稿件。中共伊春市委宣传部连续两年被省委宣传部评为调研和信息工作先进单位。在"黑龙江宣传"上刊发稿件14篇,在《决策参考》刊发调研报告1篇。

三、坚持正确舆论导向,营造伊春转型发展浓厚氛围

1. 做好重大主题宣传。围绕第二届黑龙江省旅游产业发展大会、新中国成立70周年、"不忘初心、牢记使命"主题教育活动、扫黑除恶专项斗争、整顿作风优化营商环境等工作开展主题宣传报道,全年推出各类大型主题活动和时政新闻类宣传专栏30余个,发稿3 000余篇(含新媒体)。

2. 做强对上新闻报道。先后邀请中央电视台、新华社、黑龙江广播电视台等中央级、省级新闻媒体到伊春市采访拍摄25次,累计发稿6 000余篇,其中新华社采写的《中国小兴安岭:放下"木饭碗"吃上"生态宴"》《伊春以绿色生态发展为理念,答好总书记"林区三问"》等文章在全国引起了很大反响,"林都伊春·森林里的家"的城市品牌形象日渐深入人心。

3. 做优对外宣传推介。加大对第六届中俄博览会暨第三十届哈洽会、第二届全省旅发大会、市委书记进校园等重大活动的对外宣传力度,召开了第二届黑龙江省旅游产业发展大会新闻发布会;在北京、哈尔滨等地LED屏播放"林都伊春·森林里的家"宣传片;在微信朋友圈植入旅发大会宣传广告,不断提高"林都伊春·森林里的家"的美誉度。

4. 做精"伊春发布"宣传平台。原创作品《到了伊春才知道》《家乡名人助力旅发大会》《伊春十二时辰》等作品受到粉丝热捧,累计阅读量高达63万人次;"伊春发布"微博设置话题"第二届全省旅发大会——8月相约伊春",累计阅读量达380万人次;"伊春发布"荣获全国政务微博前100名、黑龙江省新闻发布微博类前3名,7月份荣获黑龙江省政务微博第1名。

四、培育践行社会主义核心价值观,大力弘扬伊春精神、马永顺精神

1. 广泛开展群众性主题教育。举行培育和践行社会主义核心价值观——"我和我的祖国"百姓宣讲活动200余场,4万余人参加活动。举行"共和国长子的家国情怀"国旗徽章佩戴活动,黑龙江电视台、"学习强国"进行了报道。

2. 推动典型选树落地生根。推荐马永顺入选全国最美基层奋斗者。推荐马永顺、仲威平入选全省"70年70人"模范人物。推荐马永顺、吴林入选全省"不忘初心、牢记使命"先进典型代表。伊春区林都社区主任吴林入选黑龙江省岗位学雷锋标兵,伊春市救助站入选黑龙江学雷锋示范点。

3. 推广"学习强国"App使用。目前,伊春市共有3.81万名党员下载注册"学习强国"App开展学习。

五、弘扬林区文化精髓,全力打造特色文化品牌

举办第十九届"森林之声"等系列文化活动110场,受众人数15.4万余人。举办庆祝中华人民共和国成立70周年"我和我的祖国"歌咏大会,开展庆祝中华人民共和国成立70周年伊春历史图片展和文艺演出等主题文化活动。开展"服务全民阅读、共创美好生活"全民阅读活动,指导新华书店将农村发行网点建设与农家书屋管理使用相结合,解决好农家书屋服务"最后一公里"问题。

六、推进文化建设,进一步释放更基本、更深沉、更持久的力量

1. 深化文化体制改革任务。研究确定了2019年伊春市文化体制改革五个方面10项重点推进落实的工作任务。积极推进解决伊春日报社、伊春广播电视台历史遗留问题。目前,已推动相关事项8个。

2. 扶持重点文化企业发展。补充上报《黑龙江文化资源辑考》伊春信息107项。积极组织重点文化企业参加第十五届深圳文博会、第三十届哈洽会、第二届东北亚文化艺术博览会、第十四届龙江文博会等重要展会,为企业搭建展示平台,推介富有伊春地域文化特色的北红玛瑙、北沉香、桃山玉、山核桃、木拼画等优秀文化产品。组织全市致力于文化创意设计和研发的企事业单位、机构参加首届龙江文化创意设计大赛,作品《山花野草》获得生态创意类金奖,《神州龙棋》获文化旅游类银奖,市委宣传部获得优秀组织奖。

3. 加强出版物监督管理。开展了2019年印刷发行暨内部资料性出版物"双随机、一公开"抽查工作。制定《伊春市2019年印刷暨内部资料性出版物管理风险防控方案》《伊春市内部资料性出版物突发事件处置预案》,建立了伊春市推进软件正版化工作联席会议制度。举办软件正版化培训班,全市150多人参加学习。开展"扫黄打非"五项专项行动,检查印刷企业150多家(次)、出版物市场203家(次)。

七、深化文明城市创建成果,提高市民幸福感、获得感

1. 突出精神文明建设主线。以铁力市、嘉荫县为重点,打造新时代文明实践中心示范点,建立县、乡、村三级新时代文明实践中心,辐射周边区域。推荐考核省级精神文明建设先进集体98个、军警民共建共育集体3对、先进个人5名、省级文明家庭7户,考核验收市级精神文明建设先进集体296个。

2. 推进志愿服务制度化建设。组织"2019伊春首届'百日交通零违章'挑战赛",开展"文明伊春·暖心满林都""红红火火过大年""从伊开始·志愿服务""不忘初心、践行志愿之美,奋斗逐梦、彰显青春力量"等志愿服务活动。开展第十三届爱心送考大型公益活动,为考生提供服务100余次。

3. 推动创建全国文明城市工作向纵深发展。出台《2019年全国文明城市测评体系任务分解表》《2019年未成年思想道德建设测评体系任务分解表》等规范文件,印发《伊春市2019年全市创建全国文明城市重点工作安排》,锁定目标,出台措施,明确任务,进一步推动全国文明城市创建常态长效。

锐意进取　开拓创新
以思想伟力引领城市发展转型

中共七台河市委宣传部

2019年,七台河市宣传思想文化战线认真贯彻落实全国、全省宣传部长会议精神,紧紧围绕市委市政府中心工作,开拓创新、服务大局,为推动七台河全面振兴全方位转型发展提供了强有力的思想保证、舆论引导和精神动力。

一、着眼深化理论武装,指导社会发展实践,筑牢共同奋斗的思想基础

1. 理论武装工作不断深化。着眼学懂弄通做实习近平新时代中国特色社会主义思想和党的十九大精神及深化学习习近平总书记重要讲话重要指示精神,不断加强和改进各级党委(党组、党工委)理论学习中心组学习工作,认真贯彻落实《中国共产党党委(党组)理论学习中心组学习规则》。市委理论学习中心组围绕"解放思想推动高质量发展大讨论活动"、国家安全形势、脱贫攻坚、"不忘初心、牢记使命"主题教育、党的十九届四中全会精神等主题举办市委中心组集中学习16次;发放《习近平新时代中国特色社会主义思想学习纲要》和《新中国发展面对面》1.3万册,与市社科联联合编印《全市党员干部"不忘初心、牢记使命"主题教育应知应会知识精选》800册,供党员干部学习使用。

2. 理论研究工作成效显著。围绕深入学习宣传贯彻习近平总书记重要指示批示和党中央决策部署,结合全面落实省、市委全会精神和推进七台河市转型振兴发展实际,认真组织开展理论研究工作。围绕纪念改革开放40周年、解读全国"两会"精神、脱贫攻坚、庆祝新中国成立70周年和"不忘初心、牢记使命"等主题,组织全市社科理论工作者和各部门各单位主要领导围绕庆祝新中国成立70周年等主题撰写理论文章50余篇,在《七台河日报》陆续刊发。

3. 理论宣讲工作扎实开展。组织市委党校骨干教师围绕深化学习习近平总书记重要讲话和重要指示精神,深入基层围绕学习宣传使用好《习近平新时代中国特色社会主义思想学习纲要》开展理论宣讲活动30余场;充分发挥基层理论宣讲小分队作用,各区县、市直各党组(党委)围绕解放思想推动高质量发展、脱贫攻坚、扫黑除恶等举办宣讲活动100余场。

二、着眼深化舆论引导,内宣外宣协同发力,全面营造转型振兴氛围

1. 主题宣传成效显著。以庆祝中华人民共和国成立70周年为主线,在市内主流媒体开设"壮丽70年·奋斗新时代"专栏,大力宣传新中国成立70年以来七台河建设的火热实践;市直主流媒体广泛宣传全市上下学习贯彻习近平总书记关于东北振兴重要讲话和考察龙江重要指示精神、省十二次党代会以来市委推进经济社会发展决策部署、解放思想推动高质量发展、优化营商环境、实现脱贫攻坚、扫黑除恶等重大战略的新动态、新进展,共刊发稿件100余篇;坚持"政治家办台(报)"思想,牢牢把握正确舆论导向,创新传播手段和话语方式,加强热点引导和舆论监督,及时回应群众关切,合理引导社会预期,充分发挥新闻舆论解疑释惑、疏解情绪、化解矛盾、凝聚共识的作用。

2. 城市形象充分展示。突出抓好对外宣传工作,讲好七台河故事,传播七台河声音。春节期间,七台河连续5次登上央视《新闻联播》等重要栏目,在《人民日报》等中央主流媒体刊发稿件30余篇,其中《黑龙江七台河市推进供水工程建设、采煤沉陷区棚户区改造民生工程让百姓得实惠》一稿得到省委书记表扬;积极借力黑龙江中医药产业博览会、"宝泰隆杯"中国(七台河)石墨烯应用创新创业大赛、"绿色中国行——走进美丽七台河"、七台河冰雪体育文化旅游产业发展高峰论坛等平台整合各类宣传文化资源,通过邀请国家和省级主流媒体、新兴媒体来七台河市采访等形式,在更高层次、更大领域全面展示七台河转型发展、全面振兴全方位振兴的良好形象;组织策划了"弘扬冠军精神 擦亮城市名片"七台河冲击2022北京冬奥会专项行动新闻发布会等大型新闻报道活动,组织策划了七台河系列对外宣传片、形象片的拍摄,国庆期间制作了《我和我的祖国》快闪,在爱奇艺平台播出,持续扩大了七台河的对外影响力,提高了七台河的知名度和美誉度,吸引更多的域内外有识之士关注助力七台河发展。

三、着眼弘扬社会新风,发挥典型引领作用,凝聚七台河全面振兴全方位振兴的精神力量

1. 持续推动社会主义核心价值观建设。强化教育引导、实践养成、制度保障,全面推进核心价值观落细落小落实,融入实际、融入生活、融入各行各业。深入开展社会主义核心价值观"七进"活动,组织开展"爱祖国爱家乡"家国情怀主题读书活动,活动中共有近万名中小学生参与其中;深入开展"最美人物"系列选树活动,共评选出"最美医生"10人、"最美退役军人"12人。大力推进"睦邻和谐 德润社区"主题教育实践活动,引导干部群众把崇高理想信念和道德品质转化为具体行动;深化形势任务教育,加强农村、社区、学校、企业等领域思想政治建设,命名一批市级思想政治示范点;不断创新全民国防教育内容、形式、方法和制度机制,加快推进国防教育主题公园和国防教育一条街建设,开展爱国主义教育基地和国防教育基地市级示范点命名工作,组织开展好国家公祭日、烈士纪念日等重大节日的纪念活动,在全市营造人人关心国防、支持国防、建设国防的浓厚氛围。

2. 创新开展典型选树和宣传工作。进一步做好发现、培育、树立和宣传重大典型工作,充分发挥先进典型的示范和引领作用,以传递弘扬社会正能量,大力弘扬敢为人先、勇争一流精神为宗旨,重点开展好庆祝中华人民共和国成立70周年"与祖国同行·汇聚发展精英"典型选树宣传工作,共选树新中国成立70年以来对七台河市有突出贡献的40名人物进行集中宣传;开展对脱贫攻坚典型的学习宣传工作,共组织扶贫扶志区县巡回报告会3场;组织"不忘初心、牢记使命"先进典型报告会,共有4名典型人物进行发言,在全社会营造学习典型、争当典型的良好社会氛围。在围绕新中国成立70周年,为黑龙江经济社会发展做出突出贡献的先进典型人物(群体)选树工作中,七台河市共有5位人物入选。

四、着眼培育文明风尚,突出主流价值引领,全面提升文明创建实效

1. 群众性精神文明建设不断深化。广泛开展文明单位、文明村镇、文明校园等五大创建工作,全市共有60家单位被命名表彰为省级精神文明建设先进集体,群众性文化生活丰富多彩。

2. 志愿服务形成常态化。出台《关于进一步发展七台河市志愿服务事业的指导意见》,目前七台河市共有注册志愿者5万余人,同比增长25%;组织市级领导带头参加志愿服务活动30余次,开展百万龙江志愿者"五进五促"活动,各级党政机关、企事业单位、社会组织共开展志愿服务活动300余次。

3. 未成年人思想道德建设持续加强。继续抓好"扣好人生的第一粒扣子"主题活动,广泛开展"我的中国梦"主题教育实践,组织未成年人积极参加清明祭英烈活动,开展新时代七台河好少年评比表彰活动,引导未成年人确立爱国、诚信、孝敬、勤俭等道德规范。

4. 深入开展城乡文明建设三年行动。开展城区"四项整治"。加大小区环境整治力度,更换维修小区设备设施。综合清理"小广告"。共清理老旧楼500余栋,花园小区、朝阳小区、海天家园等小区"小广告"治理成效显著。清理小菜园,共清理违章小菜园24 000余平方米,共恢复绿地约3 000平方米。集中整治占道经营,共取缔室外烧烤100余家、流动商贩200余处。

5. 扎实开展露天扬尘专项整治会战。加大对工业企业、施工工地扬尘污染防治,严查运输车辆扬尘,加强道路清扫、小区环卫保洁,经过专项整治,扬尘整治初见成效。

6. 深入开展人居环境整治工作。突出抓好乡风民风、人居环境和文化生活建设。推动实施乡村风貌整治、文明风尚普及、乡村文化繁荣、基层组织建设、移风易俗等乡风文明五大行动,完成5个人居环境整治样板村乡风文明建设工作,同时充分发挥"一约四会"组织作用,大力倡导现代文明理念,焕发乡村文明新气象,提升城乡居民的获得感、幸福感和安全感。

五、着眼深化文化建设,加快文化改革进程,全面激发文艺创作活力

1. 增强文化自信,全面提升文化事业和文化产业发展。一是文艺精品创作生产成果丰硕。深入实施现实题材文艺作品创作工程,把握新中国成立70周年等重要时间节点,创作完成了微电影《教练妈妈》、电视纪录片《寻味七台河》等彰显七台河精神、传播七台河形象的精品力作。持续开展"唱响七台河"歌曲创作活动,共完成编曲作品18件,完成MV录制并投放网络作品9件。二是中华优秀传统文化传承发展工程有序推进。印发了《七台河市中华优秀传统文化传承发展实施方案》,系统研究发掘和保护传承七台河优秀传统文化,积极推进重点工程项目。深入开展戏曲进校园、戏曲进乡村活动,弘扬中华优秀传统文化。三是群众性文化活动丰富多彩。紧紧围绕庆祝新中国成立70周年,策划举办了"我和我的祖国"全市大合唱比赛,共有来自全市各单位的20支队伍4 000余人参加,讴歌了新时代的美好生活,唱出了党员干部对祖国的无限热爱和深深祝福,进一步增强了全市干部群众的爱国热情及干事创业的信心和决心。同时深入开展文化进万家活动,组织"红色文艺轻骑兵"小分队深入农村、社区开展文艺演出70多场次,参与群众达2万多人次。组织开展了"城市之光、金色田野"系列群众文化活动,"七台河之夏"等群众文化活动品牌效应得到不断加强。四是构建现代文化产业体系。加快融媒体改革进度,积极推进县级融媒体中心建设,目前勃利县融媒体中心已完成编制、规划设计等工作,已正式挂牌成立。积极组织市文化企业参加深圳文博会等著名展会,搭建文化产业交流、交易平台,提升了七台河市文化企业、文化产品的知名度和影响力。

2. 抓实新闻出版监管工作。一是开展"绿书签"宣传活动，组织中小学校开展主题手抄报、书画比赛活动，观看《护苗·网络安全课》等系列视频短片。广泛张贴"绿书签"宣传海报100余张，在全社会形成人人"爱读书、多读书、善读书"的良好氛围。二是开展"扫黄打非"专项行动。为庆祝新中国成立70周年，营造良好环境，七台河市"扫黄打非"办联合文广旅局等成员单位紧紧围绕五个专项行动和专项整治的安排部署，积极开展印刷行业集中清查和发行市场检查，取缔地摊游商，整改安全制度落实不到位的企业，收缴非法出版物。三是开展"剑网2019"专项行动。制定下发了《开展打击网络侵权盗版"剑网2019"专项行动的通知》，建立网格化工作机制，强化各区（县）党委（党组）网络意识工作责任和属地管理责任。积极发挥各职能单位作用，形成了打击合力。严格落实7—24小时网上巡查制度，加强了对属地网站、移动客户端、微博、微信、贴吧、论坛等重点领域深入清理整治。同时加大对全市影院的检查力度，严厉打击侵权盗版、偷拍盗录等行为。督促网站平台落实主体责任，广泛发动社会力量参与治网。四是全市农村数字电影放映工作按照"一村一月一场"稳步有序开展，完成了七台河市（2019年度）老放映员养老保险放映工龄补贴省里申报工作。五是深入开展全民阅读工作。组织召开全民阅读活动领导小组会议，制定并下发了《七台河市2019年全民阅读活动实施方案》，有序推进"龙江读书月"活动，举办七台河市全民阅读活动暨"畅想七台河书香·礼赞祖国华诞"系列活动。为隆重纪念五四运动100周年，组织开展了"点亮青春 照亮人生"读书活动。举办"青春心向党 建功新时代"主题书画展等系列活动，共展出47件优秀作品；持续开展第二届"童声飞扬"语言艺术大赛。

学思践悟　勇毅笃行
为鹤岗高质量转型发展注入磅礴伟力

中共鹤岗市委宣传部

2019年,鹤岗市宣传思想文化战线坚持以习近平新时代中国特色社会主义思想为指导,认真贯彻落实全国、全省宣传思想工作会议精神,紧紧围绕庆祝新中国成立70周年这条主线和市委、市政府实施"四大战略",发展"五大产业",建设"三地一区",打造"一市一乡一胜地"的战略目标,聚焦举旗帜、聚民心、育新人、兴文化、展形象使命任务,守正创新,勇毅笃行,为推动鹤岗经济高质量转型发展注入了磅礴精神动力。

一、深植厚培,持续深化理论武装,推动党的创新理论落地生根、开花结果

1. 坚持"学"字当先,强化理论学习教育。严抓制度落实。严格落实党委中心组学习规则及相关要求,抓好领导干部带头这个关键,做"学"的表率,有效带动全市广大党员干部跟进学、深入学、系统学。创新学习形式。坚持以《习近平新时代中国特色社会主义思想学习纲要》等为抓手,充分利用"学习强国"学习平台,采取个人自学与集中学习、集中讨论、调查研究等方式相结合,深化各级党委(党组)理论学习中心组和党员干部学习。突出学习重点。紧紧围绕习近平新时代中国特色社会主义思想、党的十九届四中全会等重点内容,市委理论学习中心组集体学习36次,组织各级理论学习中心组开展学习研讨860次,激发了全市广大党员干部干事创业的强劲动力。

2. 坚持"实"字为要,做好理论宣讲普及。在传播手段上下功夫。组建了市委宣讲团和基层宣讲小分队两级宣讲队伍,注重线上线下同步推进,深入开展了送"重要讲话和重要指示精神"进机关、进企业、进学校、进社区、进村屯等宣讲活动100余场,在"鹤岗理论学习"微信公众号推出习近平总书记系列重要讲话精神和理论文章100余条,不断拓展学习教育的深度和广度。在话语转换上下功夫。宣讲过程中,注重把理论逻辑转化为生活逻辑,把理论话语转化为百姓话语,以"理论+惠民政策"为主要内容,让党的创新理论"飞入寻常百姓家"。

3. 坚持"研"字托底,加强理论研究阐释。组织全市社科和理论工作者立足中心工作,服务发展大局,完成2018年度省级课题结项任务。3项2018年度黑龙江省经济社会发展重点研究课题和2项黑龙江省社会科学院课题均结项,并获良好以上等次。2019年申报黑龙江省经济社会发展重点研究课题2项和黑龙江省社会科学院课题2项,均经过省专家组评审,准予立项。

二、立破并举,加强意识形态引领,推动意识形态工作激浊扬清、正本清源

1. 深化意识形态工作责任制落实。认真落实意识形态工作责任制,制定下发了《市委意识形态工作会议制度》《市委意识形态工作制度》等重要规范指导性文件,召开了市委意识形态工作领导小组会议2次、成员单位联席会议4次,市委常委会专题研究部署意识形态工作11次,统筹推进意识形态工作。全力做好省委落实意识形态工作责任制情况巡视整改工作。

2. 加强网络舆情应对处置。积极有效应对热点舆情,组织新闻媒体利用抖音、快手、今日头条等新媒体平台推送《我的鹤岗我的家》《东方白鹳 我在鹤岗有个家》等反映鹤岗城市转型和生态文明建设亮点的视频,在中央和省级主流媒体刊发稿件110篇(条),正面引导了舆论走向。深入推进网络舆情联合处置机制建设,使民生类网络舆情处置实效进一步提升。

3. 狠抓有害信息清查工作。组织开展"全国'两会'期间有害信息专项清查""'扫黄打非·2019'专项行动"等各类综合整治行动12次,有效整治属地网络环境。特别是加大"两节两会"、迎庆新中国成立70周年、中高考等重要时间节点专项检查整治力度。

三、造势助力,巩固壮大主流舆论,推动新闻舆论工作同向发力、同频共振

1. 强化重大主题宣传。紧扣推动经济高质量发展这一中心任务,精心组织主题宣传、形势宣传、政策宣传、成就宣传。广泛开展"庆祝新中国成立70周年""不忘初心、牢记使命""学习贯彻党的十九届四中全会精神""百大项目进行时"等主题新闻宣传活动10次,刊(播)发相关新闻报道2 420篇(条)。特别是在"不忘初心　牢记使命"主题教育、新中国成立70周年、扫黑除恶社会宣传工作中,全市共设置主题标语3 463处,确保各项工作宣传到位、展示到位,营造了良好的社会氛围。

2. 持续加大对外宣传。紧紧抓住全省四煤城转型发展采访团到鹤岗市采访和参加深圳文博会等契机,大力宣传推介鹤岗市打造石墨新材料产业基地、推进国家森林城市创建、文化产业发展的亮点和成效。2019年,新华社、人民网、凤凰网、《黑龙江日报》、黑龙江广播电视台、奋斗杂志社、东北网等中省级媒体共计发稿450余篇(条),进一步提升了鹤岗市知名度、美誉度和影响力。

3. 加强新闻发布工作。围绕"转型发展惠民生·幸福美好新鹤岗""不忘初心、牢记使命　庆祝新中国成立70周年"两大主题组织召开新闻发布会20场,围绕民生工作以及全市亮点工作回应社会关切,发稿160余篇(条)。筹备并参加由中共黑龙江省委宣传部、黑龙江省人民政府新闻办公室举办的"壮丽70年·奋斗新时代"庆祝新中国成立70周年主题系列新闻发布活动第十九场鹤岗新闻发布会,中省级主流媒体刊(播)发稿件21篇(条),扩大了新闻发布的覆盖面和影响力。

四、凝魂聚气，蓄养崇德向善品格，推动社会主义核心价值观内化于心、外化于行

1. 积极培育和践行社会主义核心价值观。制定印发《关于进一步加强基层社会主义核心价值观建设的通知》，组织开展"引领风尚 铸魂鹤岗"社会主义核心价值观等"七进"活动180余次，制作社会主义核心价值观主题文化墙25处、文化长廊3个，举办全省弘扬"四大精神""不忘初心、牢记使命"先进典型教育等专题报告会5场，营造了浓厚的认知氛围。加强典型推荐，孙波同志荣获全国"最美奋斗者"荣誉称号，并授中宣部邀请，10月1日到北京现场观看阅兵仪式、群众游行和群众联欢。第二中学被中宣部命名为第五批全国学雷锋活动示范点，是黑龙江省唯一获此殊荣的单位。深入开展文化、科技、卫生"三下乡"活动，关心支持社会主义新农村建设。不断加强国防教育，举办全民国防教育报告会，2019年国防教育工作向省办上报信息数量和被采纳次数均排全省第一。

2. 深化精神文明创建。创新开展"鹤岗最美、因为有你"主题文明实践活动，围绕文明交通、文明出行、文明祭祀等六个方面提出基本规范、惩戒办法，并持续实施，形成工作闭环。设计制作主题标志、车贴和志愿者手持牌1万余个，发布宣传标语100余个，开展主题文明实践活动350余次，在市级媒体刊播新闻155篇（条），向中央和省级媒体推播消息27篇。制定下发工作方案，指导两县两区建立新时代文明实践中心。组织开展系列文明实践活动400余次，指导建立新时代文明实践中心（所、站）237个，实现县、乡镇、村三级组织全覆盖。萝北县被确定为第二批全省新时代文明实践中心建设试点县。

3. 推进文明新风培育。加强乡风文明建设，充分发挥农村"一约四会"作用，广泛开展孝心示范村创建、移风易俗、"龙江有美村""辉煌70年、放歌黑土地"优秀农民文艺节目巡展演活动182次，发放乡风文明建设宣传画200套，全市212个行政村"一约四会"实现全覆盖。深入贯彻落实《新时代公民道德建设实施纲要》，联合12家单位出台了《鹤岗市道德模范和身边好人礼遇帮扶办法》，赵宇、赫明霞被评为全省第七届道德

模范,其中赵宇被评为全国第七届道德模范。持续开展"我推荐我评议身边好人"活动,全市共评选出"鹤岗好人"50名。其中,19人荣登"龙江好人榜",1人荣登"中国好人榜"。组织开展"我们的节日""扣好人生第一粒扣子"等活动171次,参加人数达10万余人,1人荣获"新时代龙江好少年"称号,1人获"新时代龙江好少年"提名奖。

4. 深入开展志愿服务工作。推进志愿服务制度化常态化,组织召开学雷锋志愿服务工作推进会,制定下发了《关于开展万名鹤岗志愿者"五进五促"活动的通知》等文件,举办了"3·5"学雷锋志愿服务月暨"争做新时代文明好市民·我为服务转型发展做贡献"集中日等主题志愿服务活动530余次,省委常委、宣传部部长贾玉梅对鹤岗市"基层志愿服务大集"进行连线指导,并对志愿服务工作提出希望和要求。全市各级领导干部、广大党员全部注册成为志愿者,集中参加了扶贫助困、阳光关爱、城乡美化、"不忘初心、志愿同行"等20余项志愿服务行动。全市共有19个集体和个人被评为全省志愿服务"五个100"先进典型。

五、提质增效,深化文化体制改革,推动文化发展成果深入生活、扎根人民

1. 加强文艺精品创作生产与引导。坚持以人民为中心的创作导向,发挥文艺作品"春风化雨、润物无声"的作用,组织优秀文化工作者围绕庆祝新中国成立70周年等重大时间节点,创作诗歌、小品、书法、摄影等各类文艺作品1 000余件。创作排演了大型音乐舞蹈史诗《兴山记忆》,在全市范围内巡演29场,受众面达3万余人,引起了社会各界的强烈反响。在全省"美丽家园·幸福生活"第二届社区文化艺术节活动中,分别荣获歌咏合唱一等奖、独唱舞台展演一等奖,歌伴舞《走进新农村》获得省委宣传部、省文旅厅等单位授予的"辉煌70年 放歌黑土地"铜奖。特别是《反腐谣》《党员好姐妹》两个节目入选了"庆祝中华人民共和国成立70周年——全国民间文艺展演"活动,并荣获优秀剧目奖。

2. 加快构建现代公共文化体育服务体系。坚持以"文化惠民、文化乐民、文化富民"为方向,组织开展了2019年新年音乐会、第二十八届

"迎春杯"秧歌展演等大型文艺文化活动16场,举办文化展览14项,指导基层开展文化活动400余场。制定《鹤岗市全民阅读中长期规划(2019—2025年)》,组织开展"壮丽70年·奋斗新时代"诗歌朗诵会等读书活动86项300余次,参与人数达6万余人。完成254场农村电影放映工程,完成全市214家农家书屋书目补充更新工作,并组织开展了"我爱农家书屋"读书日、"我的书屋·我的梦"阅读实践等多项活动。

3. 稳步推进文化体制改革。积极完成国家和省委重点改革任务18项,制定全市创新性(特色)改革任务6项,完成5项,1项长期任务已取得阶段性成效。推进新闻媒体深化改革,起草《鹤岗市关于深化新闻媒体改革发展实施意见(讨论稿)》。收回鹤岗广播电视报社、鹤岗市新光电影院2家生产经营类事业单位编制,机构撤销,由市广播电视台负责推进转企改制。推进融媒体中心建设,以"鹤岗头条"App和"智慧鹤岗手机台"为抓手,积极推进报网融合、台网融合。绥滨、萝北县级融媒体中心已完成挂牌任务并完成测试对接。

4. 发展壮大特色文化产业。以"旅游+"为抓手,深化"文化+体育+旅游"深度融合,举办风筝文化节、戏水节、冬捕节、梨花节等特色活动,引进中国大学生篮球赛(北区)、全国徒步大会等大型体育赛事活动。鹤岗市博物馆和鹤岗城市记忆博物馆正式对外开放,萝北县民族文博馆已全面建成。举办第二届中俄犹文化精品鉴赏节。推进文化旅游产业基础设施建设,新建改建29座旅游公厕并完成验收,设立景区标识牌35块。重点推进了"龙江三峡"中俄犹文化旅游集合区中的黄金古镇、兴龙峡谷、名山岛旅游景区等基础设施建设。加大对文化企业及项目宣传推介力度,以文博会、哈洽会、国际文化产业博览会为契机,宣传推介陶瓷、剪纸、根雕、玉石玛瑙、谕霖实弹射击场等文化产品和项目,展出展品8 000余件。特别是在"黑龙江(深圳)文化产业招商推介会"上,重点宣传"龙江三峡"中俄犹文化旅游集合区,人民网、中新网、凤凰网等多家媒体推介鹤岗市"龙江三峡",取得良好成效。绥滨县咱家菜园、寒地淡水鱼养殖示范中心及兴安区峻德村3家单位被评为省级乡村旅游示范点。谕霖实弹射击场被确定为黑龙江省体育旅游精品项目和黑龙江省体育产业示范单位。

全面推进 重点突破
努力开创黑河宣传思想文化工作新局面

中共黑河市委宣传部

2019年,黑河市宣传思想文化战线在省委宣传部和市委市政府的坚强领导下,紧紧围绕学习宣传贯彻习近平新时代中国特色社会主义思想和党的十九届四中全会精神这个首要任务以及庆祝新中国成立70周年这条主线,认真贯彻落实中央、省委和市委关于宣传思想工作的部署要求,自觉肩负举旗帜、聚民心、育新人、兴文化、展形象使命任务,各项工作取得新进展。

一、思想引领力持续增强

坚持把学习贯彻习近平新时代中国特色社会主义思想和党的十九大精神作为重大政治任务,结合"不忘初心、牢记使命"主题教育,组织开展了十九届四中全会精神文明实践理论宣讲培训、全市先优模范典型事迹报告会巡回宣讲活动,开展市委理论中心组学习13次,深入基层开展理论宣讲350场,各级党委(党组)中心组学习1 600余次,参加学习党员干部8万余人。组织召开市委意识形态工作领导小组会议2次、市委意识形态工作领导小组成员单位联席会议4次,制定意识形态工作制度9项,增设了意识形态工作科,完成了对31个党委(党组)落实意识形态工作责任制2轮巡察任务。充分发挥开放发展智库联盟作用,承办了"首届中国黑河对俄友好城市合作论坛""中国最北自贸区论坛",邀请中外知名专家学者为市委市政府科学决策提供智力支持。

二、舆论引导力更加精准

聚焦新中国成立70周年、黑河自贸区落地建设、重大基础设施互联互通、农业绿色发展示范区创建等中心工作,推出专栏60余个,对上刊发宣传报道2 000余篇,其中10余篇重磅报道点击量突破100万。黑河日报社实现改版升级,市电视台位居全省媒体发稿量首位,"黑河封面"官方微信平台、"你好瑷珲"政务抖音号分别荣获"黑龙江省最具影响力头条矩阵""全国最具区域影响力政务抖音号"称号,《黑河日报》常华同志被评为第十二届"全省十佳新闻工作者"。组织干部群众集中观看国庆70周年阅兵仪式,开展庆祝新中国成立70周年"我和国旗合个影"、全民阅读启动仪式和版权宣传周、"黑河市好新闻"和"优秀新闻工作者"评选等活动,逊克县40部原创微电影走进农家。积极推动融媒体改革,打造北安市、嫩江市省级融媒体中心试点县2个,各县(市、区)融媒体中心全部挂牌,市级融媒体中心建设初具雏形。加强网络生态治理,组建网络舆情信息员300余人,对512个新媒体保持严管态势,成功应对网络舆情161起,营造了清朗网络空间。

三、文明凝聚力提档升级

投入4 100余万元,举全市之力推进全国文明城市创建工作,动员全市党员干部开展环境卫生整治行动,结合44个老旧小区升级改造进一步提升创城意识,社区综合文化服务站实现全覆盖,1.2万名志愿者参加的志愿服务活动覆盖群众17万余人,在中央文明办公布的2019年度测评结果中排名全国第76位,较上一年度提升34名。持续推进社会主义核心价值观建设,举办了全市"最美退役军人"评选活动,全省首家雷锋精神纪念馆在北安开馆,北安市庆华军工遗址博物馆被评为"国家级国防教育示范基地",北安市、嫩江市分别获批全国、全省文明实践中心试点县。以农村精神文明建设助推乡村振兴,组织开展了全市"扶贫扶志"主题宣讲活动,评选"五星新农户"5 000余家,全市各乡镇悬挂乡风文明宣传标语6 000余条,入选省级文明家庭5个、省级道德模范2人,入选省级文明社区、文明乡镇、文明村、文明单位、文明校园77个。深入推进公民道德建设工程,组织开展"感动龙江"典型推荐、"黑河市首届道德模范"评选等工作,黑河市3家单位晋级全省基层思想政治工作示范点,逊克县知青金训华事迹入围全省"70年70人"命名表彰活动,逊克县退休教师刘桂芝入选"感动龙江"人物,北安市尚玉山家庭荣获2019年度"全国最美家庭"荣誉称号。

四、文化影响力显著提升

文旅融合迈出实质步伐,成立了第三届全省旅发大会工作专班,启动了《第三届黑龙江省旅游产业发展大会总体规划》编制工作,超前谋划了景城一体建设,研究确定了一批重点全域旅游项目。推进旅游投资项目13个,计8.9亿元。赴发达省份开展文化旅游推介14场,"极境寒养"品牌影响力不断提升,五大连池市成功创建首批国家全域旅游示范区。成功举办黑河市首届文化产业博览会,10个非遗项目入选国家和省级非遗保护名录,"中俄风情秀"入选国家"一带一路"文旅产业国际合作重点项目,孙吴县王静入围"乡村文化和旅游能人支持"项目。预计年全市接待旅游者1 303万人次,实现旅游收入114亿元,同比均增长14%。深入实施文化惠民工程,建设了朝阳山红色文化教育基地,广泛开展"市民文化艺术节""结对子、种文化""红色文艺轻骑兵"等文化惠民活动130多场,无线地面数字电视覆盖工程全部完成。成功举办第十届中俄文化大集、庆祝新中国成立70周年大型焰火晚会、北京"黑河之夜"歌舞晚会等活动,"嫩江之夏"音乐会连续举办32届,瑷珲历史陈列馆维修改造项目顺利推进,《国境线上的美丽乡村》即将出版发行,黑河市2名摄影家分别荣获"第21届全国艺术摄影大赛"金、银奖,作家王征雁荣获中国散文年会单篇散文一等奖。

五、对外传播力不断扩大

加强国际传播能力建设,围绕"一桥一道一港一管"等重点项目确定重大选题,大力宣传黑河市打造对外开放大格局,畅通国际物流大通道,发挥口岸优势带动发展的喜人成果,"今日俄罗斯"刊发黑河新闻30余条,俄罗斯国家电视台播出黑河专题报道。香港主流媒体刊发黑河有关报道近百篇,《伙伴》杂志刊发第十届中俄文化大集专版,树立了黑河"黄金通道"新形象。加强城市形象宣传,人民网"大型灯光秀""中俄共庆中秋节"等系列活动频登央视。加强外宣阵地建设,以"边境之窗"为引擎,建设了境外"一网两群三方四端"新媒体平台,邀请俄罗斯、韩国、马来西亚等国家的媒体宣传推介黑河,人民网"一撇一捺看发展""央媒龙媒走黑河"主题采访活动聚焦黑河,"壮丽70年·奋斗新时代"新闻发布会唱响了黑河好声音。强化对外文化传播,精心制作了一批外宣精品,在口岸信息中心对30余万俄罗斯游客开展文化外宣,联合俄布市举办"壮丽70年、携手新时代"影展、"中俄边境口岸城市掠影"网上影展等文化交流活动,"丝路欢聚中国年"活动被中宣部评为国家春节文化走出去优秀项目。

六、干部队伍战斗力得到有效激发

深入开展"不忘初心、牢记使命"主题教育,深化宣传思想战线"四力"建设,干部队伍综合素质明显提升,干事创业精气神全面提振。加强干部队伍建设,选拔任用和协审一批优秀年轻干部,各级领导班子更加坚强有力,干部梯队建设形成新格局。加强组织阵地建设,强化"三会一课"制度执行、民主评议党员等党组织活动指导督查,积极推动工会规范运行,建立健全部机关工作制度和流程图21项,通过参加全市重大文体活动展现了宣传干部新形象。深化文化体制改革,完成省市委深改任务1项,全战线机构改革全部完成,融媒管理体制改革纵深推进。加强干部作风建设,调整充实了驻村扶贫力量,选派年轻干部驻村扶贫锻炼,创办了"孙吴哈达彦村爱心超市",解决了一批产业帮扶、文化扶贫、农村饮水工程等民生实事。加强党风廉政建设,多次召开专题会议研究部署,推动班子成员履行"一岗双责",民主决策水平、廉洁自律意识不断提高,宣传思想文化战线政治生态更加风清气正。

解放思想 真抓实干
高质量推进绥化全面振兴全方位振兴

中共绥化市委宣传部

2019年,绥化市宣传思想文化工作坚持以习近平新时代中国特色社会主义思想为指导,深入贯彻落实党的十九大和十九届二中、三中、四中全会精神,习近平总书记系列重要讲话精神以及省市委重要会议精神,以学习宣传贯彻习近平新时代中国特色社会主义思想为主题,以庆祝新中国成立70周年为主线,以服务"都城地"建设向更高质量发展为目标,全面推行"清单制链条式"工作法,解放思想,守正创新,担当作为,重质重效,为高质量推进"都城地"建设,实现绥化全面振兴全方位振兴提供了坚强的思想保证和强大的精神动能。

一、强化政治担当,压实意识形态工作职责

坚持党管原则,突出"两个巩固",严格落实意识形态和网络意识形态工作责任制,压紧压实意识形态工作政治责任和领导责任。

1. 强化履职尽责。市委意识形态工作领导小组充分发挥统筹指导、牵头抓总作用。领导小组各成员单位切实担起工作职责,各级党委切实肩负起主体责任,严格履行"一岗双责",有力推进意识形态工作落实落细。

2. 着力守牢阵地。严格落实《意识形态阵地管理制度》,深入排查意识形态领域风险点,制定分工方案、防范预案和责任清单,明确责任单位和责任人。加强文化市场管理,深入开展"扫黄打非"工作,绥棱县上集镇入选2019年第三批全国"扫黄打非"进基层示范点。进一步规范出版管理,全年开展印刷复制发行行业专项专题整治4次,组织院线执法检查16次,确保全市印刷发行和电影行业市场整洁、有序、向好发展。

二、强化理论武装,推动党的创新理论走实走心

综合运用理论学习、理论宣讲、理论研究手段,不断推进习近平新时代中国特色社会主义思想深入人心、入脑入心、刻骨铭心。

1. 深化理论学习。围绕中央、省委市委重要会议精神深入开展理论学习,制定市、县两级中心组学习安排意见,落实中心组学习情况报告制度,对县(处)级党委(党组)中心组学习开展巡听工作。市委中心组集中学习13次,开展"三微"学习15次;市委常委班子举办读书班3次,开展集体自学3次,集中2天时间开展集中学习研讨和专题辅导,发挥了示范表率作用。

2. 深化理论宣传。以党的十九届四中全会、《习近平新时代中国特色社会主义思想学习纲要》以及省委市委重要会议精神为主要内容,开展分众式理论宣讲,全年开展宣讲活动1 000多场次,设计制作图版6期,绥化广播电视台理论大讲堂播出45期,《绥化日报》理论专栏刊发10期。举办全市基层理论宣讲大赛,选拔一批群众身边的宣讲员,此项工作被评为2019年第二季度全省宣传思想文化工作"十大亮点"。

3. 深化理论研究。成立绥化市新型智库建设指导协调委员会,起草《绥化市新型智库建设实施方案》。与绥化学院经济管理学院共同开展的"黑龙江省泥河陶文化发展路径研究"项目通过省专家组审定,并已正式立项。组织开展了覆盖全市各级党组(党委)的调研活动,市级领导以上率下,形成高质量调研报告20余篇。

三、强化舆论引导,营造振兴发展浓厚氛围

坚持团结稳定鼓劲、正面宣传为主,科学统筹各级各类媒体,坚持高层次、高密度、高质量,唱响了振兴发展主旋律。

1. 域内宣传热烈浓厚。紧扣"农业大市、工业新军、方兴之城",围绕"学懂弄通做实"的"施工图"、"两座金山银山论"的"试验田"、追求美好生活的"桃花源",集中精力、集中力量、集中智慧,形成舆论宣传强势。全年精心策划"两会"宣传报道、优化营商环境、脱贫攻坚宣传报道、小区物业集中整治等大型战役性报道8次,在市本级媒体开设"生金长银都城地、美好生活桃花源""推动'都城地'建设迈向更高层次""争当农业现代化建设排头兵"等反映"都城地"建设成果的精品专题专栏30余个,播发稿件4 200余篇(条)。其中,围绕解放思想推动高质量发展、深化作风整顿优化营商环境、"不忘初心、牢记使命"主题教育、产业项目建设、脱贫攻坚、农业供给侧结构性改革等各个方面重点工作进行了全方位、多角度、深层次、广覆盖的报道,主题突出、内容丰富、基调昂扬,为全市经济社会发展营造了浓厚热烈的舆论氛围。

2. 域外宣传影响深远。积极主动邀请上级主流媒体"抱团"对"都城地"建设生动实践选择不同侧面进行专题采访,参与报道的央级主流媒体数量达到20余家,在《人民日报》、新华社、中央电视台、《光明日报》《经济日报》《农民日报》等中央主流媒体共刊发反映绥化市"都城地"建设的稿件50余篇,形成了一批有分量、有质量、有影响力的重磅报道。新华社以《内部参考》的形式刊载了《贫困县缘何成为质量发展黑马》《绥化:"三化"通绥》《黑龙江绥化玉米领"鲜" 从论斤卖到按穗卖》《一穗玉米的逆袭 见证中国农业巨变》等高质量稿件;《人民日报》刊载了《就地一转化 粮食抬"身价"》《农田有了托管所》《结合基层实际高质量推进整改落实》等新闻稿件;人民网刊发了《玉米加工企业缘何"扎堆儿"? 绥化资源、环境、区位优势都在这》等系列报道;中央电视台播出了《黑龙江:延伸绥化玉米产业链 促进农民增收》《实现玉米产业高质量发展"路在何方"》等相关报道;《农民日报》在头版头条刊载《寒地黑土绘新景》《带着品牌种地 跟着品牌挣钱》等相关报道,在全国层面宣传推介了"都城地"发展成果。全年在黑龙江电视台《新闻联播》播发新闻稿件88篇,发稿总量、提要新闻数量、常规新闻数量在全省排名均列第二。其中,《绥化:以项目为牵动确保首季"开门红"》的报道得到省长王文涛同志批示表扬。在《黑龙江日报》头版刊发稿件35篇，头版和头题数量排名均位于全省第三位。

3. 县级媒体融合稳步推进。制定下发了《全市县级融媒体中心建设指导意见》，对全市县级融媒体中心建设进行统一规范指导。"十一"前，全市9个县（市）的融媒体中心全部挂牌成立。全市的县级融媒体中心除肇东、绥棱是公益二类事业单位，其余全部为公益一类事业单位。各县（市）的融媒体中心整合了本地党委宣传报道组、新闻中心、政府门户网站、"两微一端"等县域公共媒体资源，并按照"策、采、编、发、评"的工作流程，积极搭建内部运行架构。按照省里统一部署，分三批接入省技术平台，并分批次培训各融媒体中心的技术人员。

四、强化文化育民，让群众共享文化发展成果

坚持群众性、广泛性原则，开展系列文化活动，营造欢乐喜庆的文化氛围。

1. 文化活动丰富多彩。以庆祝新中国成立70周年为主题，组织"寒地黑土·金色舞台"广场文化活动40场次，举办"红色文艺轻骑兵"和"我们的中国梦——文化进万家"文化活动近900场次，举办广场舞展演、少儿文艺系列活动、诗会、歌会以及书法、摄影、美术创作等交流活动，传承绥化文化基因。"我和我的祖国"快闪活动、"我在国旗下成长"少儿主题合照比赛、"我和我的祖国"主题征文、习近平"中国梦"重要论述绥化书法名家创作等主题文化活动吸引社会各界广泛参与。全市共有7万余人直接参与"我和我的祖国——全城同唱一首歌"活动，央视进行重点报道，活动视频登录"学习强国"平台，活动被评为全省宣传思想文化工作第三季度"十大亮点"。"绥化—湛江书法作品交流展""赴西藏谢通门县美术书法作品展"等加强了对外文化交流，展示了绥化良好形象。

2. 文艺精品推陈出新。《扶贫书记》参加2019年全国基层院团戏曲会演，《这片黑土地》获国家艺术基金250万元资助，歌曲《黑土本色》唱响"院士龙江行"玉米对话大会。肇东创排的龙江剧《芦花谣》公开排演8场，获观众一致好评。剪纸《百家姓》在全省首届文化创意设计大赛中斩获文化旅游产品类金奖。6幅书法作品入展全国第十二届书法篆刻展览。

3. 文化改革稳步推进。深入推进文化体制改革,召开了3次文化体制改革领导小组会议,完成了3项改革任务。借助深圳文博会、哈洽会、省文博会等文化展会活动,推介了兰西挂钱、绥棱黑陶、海伦剪纸等重点文化产业项目和文化产品,参展项目成交额共计55.4万元。电影《关东酒仙》落户绥棱,投资协议额达500万元。

五、强化文明实践,弘扬崇德向善的社会风气

传承和弘扬绥化"文化基因、红色基因、良善基因",绘制绥化"精神图谱",用道德和文明凝聚推进"都城地"建设高质量发展的社会力量。

1. 开展系列教育活动。围绕庆祝新中国成立70周年这一主线,组织开展了系列宣传教育活动。制定下发了《绥化市关于庆祝中华人民共和国成立70周年活动的安排意见》和《贯彻落实中央关于庆祝中华人民共和国成立70周年广泛开展"我和我的祖国"群众性主题宣传教育活动工作任务及责任清单》,广泛开展了30多项宣传教育活动,在全市上下营造浓厚的爱国主义氛围。深入开展社会主义核心价值观"七进"活动,推进升国旗唱国歌仪式常态化制度化。以"扣好人生第一粒扣子"为主题,开展了"传承红色基因·清明祭英烈"活动、"妈妈课堂"特色教育活动和"新时代绥化好少年"评选等系列活动。全市乡村学校少年宫达到132所,提前一年实现了国贫县乡村学校全覆盖。以"德礼满龙江""我们的节日"为主题,组织开展了"兴家·爱国·逐梦"等10项主题实践活动。

2. 强化典型引带示范。开展"最美退役军人"评选活动,吴昊洋获评2019感动龙江人物,梁军、李艳华、李艳凤入选全省"70年70人"人物评选,18人入选"龙江好人榜",8人参加了中央文明办"我评议、我推荐身边好人"点赞活动,3人入选中国好人榜,1人荣获"新时代龙江好少年"称号。弘扬绥化道德"基因",编印《"德润都城地"——绥化市首届道德模范故事汇》,市委书记曲敏亲自作序。

3. 深化文明创建。广泛开展"五大文明"创建、我们的节日、志愿服务、文明礼仪教育等公民道德建设实践活动,弘扬社会正气、倡导文明新风。全市省级精神文明建设先进集体顺利通过检查验收。全市省级以上文明村实现"一约四会"全覆盖。修订《绥化市文明村镇测评体系》《绥化市文明单位测评体系》《绥化市校园测评体系》,并将扫黑除恶、开展庆祝新中国成立70周年志愿服务活动等内容纳入其中,创建指导工作更为科学规范。

4. 新时代文明实践中心试点建设推进有力。出台《绥化市建设新时代文明实践中心试点工作实施方案》,召开全市新时代文明实践中心建设工作现场推进会,全市10个文明实践中心、31个文明实践所、145个文明实践站相继投入使用并组织开展活动,安达晋级为全国第二批新时代文明实践试点县。全市新增志愿者23 739人,开展志愿服务活动5 500余次,直接参与活动的志愿者达31万人次。市级领导以上率下,主动注册成为志愿者,12名市级领导以志愿者身份参加了"学雷锋·志愿者为家乡种棵树"活动。

统一思想 凝魂聚力
奋力写好新时代宣传思想文化工作新篇章

中共大兴安岭地委宣传部

回眸2019年,大兴安岭地委宣传思想文化战线坚持以习近平新时代中国特色社会主义思想为指导,以庆祝新中国成立70周年为主线,紧扣习近平总书记深入推进东北振兴座谈会重要讲话和对我省重要指示精神,坚持稳中求进、守正创新,坚持统一思想、凝魂聚力,自觉承担起举旗帜、聚民心、育新人、兴文化、展形象的使命任务,紧扣中心工作,紧贴林区改革需求,立足全局抓重点,各项工作整体推进、特色突出、效果显著,为推动林区全面振兴全方位振兴提供了良好宣传舆论、坚强思想保证和强大精神动力。

一、高举旗帜,新思想引领新时代

新思想引领新时代,新征程需要新力量。一年来,大兴安岭地区坚持把深入学习宣传贯彻党的创新理论作为头等大事,大力推动习近平新时代中国特色社会主义思想深入人心,让全区各界干部群众充满奋进新时代的干劲和信心。全年召开地级中心组学习16次、新兴安大讲堂3期,各级党委班子成员撰写学习心得938篇、调研报告391篇,在地级以上媒体发表理论文章170余篇。各地各单位先后开展专题学习讨论560余次,各级领导干部宣讲1 140余次,到联系点讲党课378次。组建地县两级宣讲团15个,宣讲和辅导273场,累计听众1.5万余人次,进一步打通基层理论宣讲服务双向互动渠道,着力推动党的创新理论"飞入寻常百姓家",被中央宣传部办公厅授予基层理论宣讲先进集体称号。理论研究有了新突破,围绕中心工作和热点、难点,精心选择课题,完成黑龙江省经济社会科学发展重点研究课题《大兴安岭地区寒带生物医药产业发展研究》《大兴安岭地区社会工作人才队伍培养建设研究》,被评为黑龙江省社会科学院先进调研单位。

二、凝心聚力,奏响主流舆论最强音

传统媒体和新兴媒体同频共振。围绕打好"七大攻坚战"、推进"双十"重点工作,开设扶贫攻坚、作风整顿、"不忘初心、牢记使命"等专栏50余个。成功创办《党风政风热线》媒体问政栏目,全年直播14场,接受问政单位116个,解答解决问题106个。在全省率先启动"壮丽70年·奋斗新时代"大型主题采访活动,100余名编辑记者深入基层,深入防火和生产一线,深入林场管护区,深入乡镇村屯,历时7个多月,行程4 000余千米,从生态、经济、文化、民生等方面为迎庆70年建设龙江新兴安营造了浓厚的舆论氛围,报社、电视台共发稿565篇。在全省各市地率先举行"共和国长子的家国情怀"大型主题国旗徽章佩戴活动,1万余名干部职工在黑龙江畔、呼玛河边、大白山脚下、机关广场、农家小院、瞭望塔下等不同地点同时佩戴国旗徽章,视频短片《以我"生态绿" 敬您"中国红"》央视移动新闻网点击量达到18.2万人次。以"一带一路"国家主流媒体兴安行为契机,加强与主流新闻媒体沟通,大兴安岭地区人文地理纪录片《山岭之歌》在中央电视台播出,《用青春守望北疆林海》等4 000余篇稿件在《人民日报》等国家、省主流媒体刊(播)发,这些中央、省级主流媒体一次次以醒目姿态聚焦大兴安岭,声音强势、形象凸显,用一批有影响、有深度的重点报道为大兴安岭经济社会发展营造了浓厚氛围。加大媒体融合力度,《大兴安岭日报》客户端上线运行,广播电视台入驻央视新闻移动网和蜻蜓FM电台直播平台,县级融媒体中心全部挂牌并与省级全媒体平台实现对接。推进"扫黄打非"工作,收缴盗版书籍,强化基层站点规范化标准化建设,建设农家书屋80家,指导使用正版软件。成功承办第五届"书香中国·龙江读书月"暨2019年黑龙江省全民阅读活动启动仪式,全民阅读工作得到省委宣传部及社会各界高度评价。

三、崇德向善,谱写文明新篇章

社会主义核心价值观是兴国之魂,更是林区转型发展的精神动力。大力弘扬新时代大兴安岭精神,深入实施"引领风尚·铸魂兴安"核心价值观"七进"活动。原省军区边防八团三连代理排长邰忠利入选全省"70年70人"人物,呼玛县乡村邮递员韩帮绪被评为第七届全省道德模范,加区卫东街道、塔河县二十二站林场被评为2019年全省思想政治工作示范点,漠河市、呼玛县被命名为省级文明城市,新林区被确定为全国社区网络春晚东北三省唯一外景拍摄地。着力构建"1+6"志愿服务模式,重点开展17项志愿服务活动,全区志愿者人数达到10.1万人,25个集体、个人被评为全省"五个100"志愿服务先进典型。加强新时代文明实践中心建设,建成文明实践中心3个、文明实践所4个、文明实践站2个,县级及以上文明村镇数量占比58%。推进乡村振兴战略和美丽乡村建设,组织开展"十星级文明户""最美儿媳妇""最美家庭"等创评活动。开展以创建"文明城市、文明景区、文明游客、文明导游、文明公民"为内容的"五大文明同创"活动,对全区涉旅人员开展文明礼仪培训,提升优质服务水平。开展"辉煌70年·放歌黑土地"优秀农民文艺节目巡展演活动,抓好乡村学校少年宫建设,深化"我的中国梦""童心向党"等主题活动。

四、振兴文化,满足美好生活期待

全力打造林区特色文化品牌,国内第二个岩画地理信息系统大兴安岭岩画地理信息系统已经竣工,验收后将同步推进岩画场馆建设。大力发展文化产业,大兴安岭地区在第十五届中国(深圳)国际文化产业博览会上,2件展品分获三等奖和优秀奖;2个文化企业标识入选第三十届哈洽会黑龙江省重点文化企业标识墙,地委宣传部荣获全省文创产品和旅游商品大赛优秀组织奖。深入挖掘鄂伦春文化、驿站文化、冰雪文化等特色文化,成功举办清代黑龙江驿路文化保护与旅游开发学术研讨会,来自国内部分高校、社会科学院的50余名顶尖专家、学者云集大兴安岭,为打造文化旅游产业建言献策,奠定了理论文化基础。组织"红色文艺轻骑兵"下基层48次,在节庆和森林防火期间深入农村、社区、军营、学校、防火一线,为群众送去文化大餐,传递党的声音和关怀。建成"塔河县文化产业园",开展了呼玛开江主题文化周等一系列文化活动,进一步扩大了林区特色文化影响。加强文艺精品创作,电影《鹿鼎山下》将在央视六套及各大院线播出,电影《偃松的故事》进入筹拍阶段,景区景点传说故事集《极地轶风》、优秀原创作品集《大岭长歌》进入出版阶段,中国爱情小镇"三行情书"全球征集活动已经结束。深入开展"迎庆70年·建设新兴安"七大系列文化活动,"兴安颂歌"诵读会演首次通过电视、广播、网络直播等平台进行直播,当日媒体直播点击量突破50多万次,美术、书法、摄影展从不同角度反映了大兴安岭地区开发建设55年来波澜壮阔的历史进程,并将正式结集出版。

改革创新

深入实施"六项工程"
着力打造文化强省和旅游强省

黑龙江省文化和旅游厅

2019年,黑龙江省文化和旅游厅深入贯彻党的十九大和十九届三中、四中全会精神,深刻领会习近平总书记系列重要讲话核心要义,认真落实省委十二届五次、六次全会精神,牢牢把握"融合创新"这个核心,紧紧扣住"宜融则融、能融尽融,以文促旅、以旅彰文"的发展思路,深入实施"六项工程",文化强省和旅游强省建设迈出坚实步伐。

一、实施文旅惠民工程,现代公共文旅服务体系不断完善

省博物馆新馆建设按期复工,省数字图书馆实现专网连接并建成全国第一个覆盖省市县的图书馆VPN虚拟网。推动各地新建和改扩建公共文化场馆19个,新建改建旅游厕所400个。建成边境县村级文化广场和基层服务点(数字驿站)96个,为330个行政村配置了文化活动设备。实施《全省旅游景区通信设施近中期建设规划》,建设通信设施28处,设立旅游交通标识牌446块。围绕庆祝新中国成立70周年,举办社区文化艺术节、全省广场舞展演、"冰天雪地、美好生活"等系列群众性文化活动1.5万多场次。推动图书阅览、数字服务等公共文化资源进旅游景区100多个,舞蹈《红高粱》在全国第十八届群星奖评比中荣获大奖。"文旅云"平台建设成效初显,发布信息3 300条,逐步实现供需精准对接。

二、实施艺术精品创作工程，艺术创作生产持续繁荣

围绕《2018—2021现实题材舞台艺术创作规划》，全省共创作现实题材剧目11部，创排大型舞台剧目14部，其中精心打造的大型音乐舞蹈史诗《黑龙江"四大精神"颂》在全省引起强烈反响，得到省委省政府的充分认可和社会各界的广泛赞誉。话剧《卜奎风云》获得国际戏剧学院奖，版画《月色清辉》获首届全国朱自清作品诗意版画大赛佳作奖，京剧《奇女无容》在第十二届中国艺术节上展演，龙江剧《扶贫书记》参加全国基层院团戏曲会演，龙江剧《九腔十八调》入选第五届辽吉黑蒙四省区地方戏优秀剧目，相声剧《根儿》等获业界好评。省直各院团开展"送欢笑到基层""红色文艺轻骑兵""戏曲进校园""高雅艺术进校园"和第九届"黑龙江之冬"国际文化艺术节走进哈站等系列惠民演出1 787场次。全省共策划实施哈尔滨大剧院、音乐厅、老会堂等冬夏文旅融合驻场演出近万场。

三、实施文化遗产保护利用工程，优秀传统文化传承不断加强

制定印发了《黑龙江省文物保护利用改革实施方案》，编制完成渤海国上京龙泉府遗址保护规划，实施了金上京会宁府等一批重大遗址本体保护工程，全省14处文保单位入选第八批全国重点文物保护单位，打造了横道河子镇中东铁路建筑、昂昂溪区罗西亚大街等一批反映黑龙江省地域文化特色的历史文化景区。实施了革命文物保护利用工程，积极筹建东北抗联精神陈列馆，策划了"重走抗联路"红色旅游线路，举办了红色讲解员培训班，有2名讲解员在全国第二届红色故事讲解员大赛上被评为金牌讲解员，位列全国第一名。开展"传历史记忆、展黑土风采"主题展览450多个，《国旗·国徽·国歌专题展》《黑龙江世居少数民族历史文化展》等一批精品展览取得良好的社会效益。赫哲族文化（佳木斯）生态保护区顺利通过国家级文化生态保护区项目答辩，32个非遗项目入选国家级非物质文化遗产代表性项目申报名录，112个非遗项目入选第六批省级非遗代表性项目。

改革创新

四、实施文旅产业发展工程，文旅产业发展提质增效

全年新(续)建文化和旅游重点项目154个，计划总投资607.7亿元，完成投资77.88亿元，波塞冬海洋王国二期、枫叶温泉小镇等新业态建成投用。相继推出十大赏花地、十大湿地观鸟地等春季旅游产品和森林避暑、湿地畅游、火山康养等十大主题夏秋季旅游产品、百余项节日促销优惠政策，并以"黑龙江·冬天开始的地方"为主题，重点推出五条冰雪旅游线路、十大文化旅游节庆、百项冬季文旅活动。在伊春成功举办了第二届全省旅发大会，实现了"做模式、做样板，举办一届旅发大会，提升一个大会承办地"的目标。完善省、市、县三级全域旅游示范区创建工作机制，漠河市、五大连池入选首批国家全域旅游示范区，虎林市虎头旅游景区被国家评为5A级景区。乡村旅游提质升级，新建省级乡村旅游示范点20个，10个村入选"第一批全国乡村旅游重点村名录"，15名乡村文化和旅游能人入选"全国2019年度乡村文旅能人支持项目"。2019年，全省共接待国内外游客2.17亿人次，实现旅游收入2 683.8亿元，同比年增长分别是19%和19.6%。

五、实施文旅宣传推广工程，对外文旅交流日益深化

以中俄建交70周年为契机，成功举办了第十届中俄文化大集，并同步在牡丹江、佳木斯、鹤岗等地对俄沿边县(市)开展了丰富多彩的文旅交流活动，"1+10"沿边城市文旅交流走廊建设呈现新局面。紧紧围绕"北国好风光，尽在黑龙江"总品牌，策划推出"匠人匠心""航拍龙江""爱上博物馆"等系列特色推介营销活动，赴北京、上海、广州等重要客源地开展"精准营销"和"靶向营销"，取得良好成效。邀请冬奥冠军申雪、赵宏博和家乡明星沈腾分别代言冬夏两季旅游宣传广告并在中央电视台播出。广泛利用今日头条、微信、抖音、马蜂窝等新媒体平台加强融媒体营销，打造了雪乡等一批网红旅游目的地。策划组织了"周末游龙江"营销推介活动，荣获"2019年度博鳌国际旅游奖·年度节庆活动榜大奖"和"2019中国旅游影响力年度营销推广活动大奖"。开展了西班牙"中国·

黑龙江旅游文化周"活动,积极参加2019亚洲文旅展、第十五届海峡游博览会、第七届澳门国际旅游博览会,龙江文化和旅游形象持续提升。

六、实施文旅市场培育工程,文旅市场监管服务全面增强

实施了全省旅游服务质量提升行动计划,在全省13个市(地)设立了旅游诚信基金,并推动各市(地)旅游投诉举报电话整合并入12345市长热线,全面实行涉旅投诉先行赔付制度,为游客搭建了简明快捷的维权通道。全省智慧旅游平台上线运行,已对接重点景区视频及闸机45家,省、市、县一体化智慧旅游监管服务模式初步构建。举办了导游员、景区讲解员、星级酒店管理及从业人员、文旅产品创意人才等培训班37期,共培训3万多人次。全省4名导游员荣获2019年全国"金牌导游"称号,文旅行业服务水平进一步提升。组织开展了文旅市场"利剑2019"专项整治、边境旅游市场专项整治、"安全生产月"和文物建筑火灾隐患排查整治等专项行动,有力打击了文旅市场各类违法违规经营行为。

深化改革创新　强化使命担当
推动黑龙江广电事业再上新台阶

黑龙江省广播电视局

2019年,黑龙江省广播电视局党组团结带领全局干部职工和全省广电行业单位,紧扣学习宣传贯彻习近平新时代中国特色社会主义思想这一主题,紧紧围绕庆祝新中国成立70周年这条主线,认真履行举旗帜、聚民心、育新人、兴文化、展形象的使命任务,围绕中心、服务大局,各项工作稳中求进、守正创新,呈现了新亮点,取得了新成绩。

一、贯彻落实党中央和省委重大决策部署坚决有力,落实重点工作任务积极有为

(一)智慧广电建设取得积极进展

成立工作专班,全力推进黑龙江省智慧广电建设,制定了《黑龙江省推动智慧广电实施方案》和"1345行动计划",确定了24个重点推进项目,总投资41亿元。

(二)在县级融媒体中心建设中发挥主力军作用

参与制定黑龙江省《关于高质量推进县级融媒体中心建设的实施意见》和《省全媒体中心暨县级融媒体中心省级技术平台建设方案》,指导推进省级技术平台建设,全省64个以广播电视台为主体的县级融媒体中心如期建成并挂牌。

（三）积极参与文化强省和旅游强省建设

与省文旅厅、省体育局联合下发了《关于进一步做好广播电视和网络视听工作促进"文化强省""旅游强省"建设的通知》，发挥广播电视的职能作用，主动服务文化强省、旅游强省建设。大力宣传冰雪文化、冰雪旅游、冰雪运动。指导省台策划推出冰雪类节目《沸腾吧！冰天雪地》和《与冰共舞》，围绕黑龙江省冰雪旅游、冰雪运动、冰雪赛事、冰雪文化等主题组织开展主题宣传，播发相关报道1 000多条。

（四）主动参与脱贫攻坚战

1. 与省扶贫办联合下发了《关于进一步做好广播电视和网络视听精准扶贫工作的通知》，建立了月沟通工作机制。与省驻村定点扶贫办公室合作推出讲述驻村扶贫故事的融媒体节目《工作队长面对面》，宣传一大批优秀扶贫工作典型。

2. 组织开展脱贫攻坚主题宣传。组织省台以《新闻联播》《新闻法治在线》《新华视点》等重点新闻节目为宣传阵地，开设了"脱贫攻坚进行时"等多个专栏专题，报道本省脱贫攻坚取得的工作成果，播发稿件1 000余条。加大对脱贫攻坚题材作品的扶持引导力度，对《于书记的一天》等9部网络视听作品和《圣洁的原野》等3部纪录片予以扶持奖励。

3. 为3个国家级贫困县争取国家广播电视总局应急广播建设扶持资金1 326万元，拜泉县、青冈县推进应急广播工程建设并通过验收，督导海伦市积极推进工程建设。

4. 在已实现本省贫困村广播电视全覆盖的基础上，对覆盖和收视情况进行再核查，加强动态监测，持续提高覆盖质量，实现了所有贫困村、贫困户广播电视户户通。

二、舆论引导持续加强，主题主线宣传浓墨重彩，为龙江全面振兴全方位振兴加油鼓劲

（一）推动习近平新时代中国特色社会主义思想主题宣传走深走实、入脑入心

指导省台在《新闻联播》中开设"不忘初心、牢记使命"专栏，在《新华视点》推出系列报道《习近平讲述的故事》，在新媒体平台推出"牢记总书记嘱托 一张蓝图绘到底""龙江这一年"等多个融媒专题，播发相关报道1 500余条。播出重点理论类节目《思想的田野》，用鲜活事例生动体现了总书记"两山"理论的理论高度和实践伟力，春节期间在7家省级卫视播出。

（二）庆祝新中国成立70周年主线宣传亮点频现、精彩纷呈

组织指导各级广播电视台开展形式多样、内容丰富的重点报道、系列报道、专题报道，开设了"壮丽70年 奋斗新时代"等专栏专题200余个，发布各类稿件5 000余条，全面反映黑龙江省改革发展的显著成效和突出成就。组织开展了"记录新时代 振兴新龙江"优秀纪录片评选展播活动，推出20部优秀作品在全省各级广播电视台、网络视听服务机构和腾讯视频等网站进行了集中展播。举办了"龙江广电网络杯"首届原创网络视听节目大赛，评选出获奖作品119部。与团省委共同举办"厉害了，我的青春"黑龙江省青年微电影（短微视频）大赛，21部获奖作品在全省有线电视点播平台和省台"无限龙江"App上进行展播。

（三）围绕省委省政府中心工作的发展实践，宣传重点突出、氛围浓厚

1. 聚焦"六个强省"建设，推出系列报道《重振雄风再出发》，开设"六个强省我担当"等专栏，播发各类稿件300余条。其中，《"壮丽70年·奋斗新时代"地市委书记和市长访谈录》《龙江振兴——解放思想推动高质量发展厅局长访谈》总播出期数超400期，新媒体同播阅读量超240万。

2. 聚焦百大项目建设,以《新闻联播》《新闻夜航》为主要宣传平台,开设"百大项目进行时"等专栏;新媒体平台开设"加油!百大项目"等专题,播发相关稿件700余条,多维度展现黑龙江省振兴发展的火热实践。

3. 聚焦百千万工程,围绕工业强省建设,推出"重振雄风再出发"等专栏和《龙江这一年:百千万工程驶入"快车道"》等重点报道,播发相关稿件100余条。

4. 聚焦碧水蓝天保卫战,围绕"绿水""蓝天""净土",推出"守护绿水青山 建设生态强省"等专栏专题,播发稿件100余条。

(四)加强对上宣传报道

指导省台积极向中央台供稿,全年在中央广播电视总台发稿1 927条(次)。其中,在央视《新闻联播》播发157条(次),讲好龙江振兴发展故事。

(五)构建新媒体传播矩阵

指导各级广播电视台主动适应媒体融合发展趋势,共开办各类新媒体业态275个,形成了新型融媒传播矩阵。黑龙江广播电视台运营新媒账号844个,粉丝量超5 991万人次。"新闻夜航"微信公众号在人民网"2019年电视微信公众号TOP10"排行榜中紧随"央视新闻"之后排名全行业第二名。交通广播微信公众号在"2019年广播频率微信公众号传播力TOP10"中位居第九名。

(六)网络视听平台宣传同频共振

加强网络视听机构"首页首屏首条"建设,巩固壮大主流网络舆论阵地。指导黑龙江网络广播电视台策划了"壮丽70年 奋斗新时代"等专栏专页10余个,点击量近40万次;在全国"两会"宣传报道中运用5G技术开展视频直播,观看人数近2 631万人次;黑龙江IPTV和龙江广电网络VOD平台开设"我们的70年"等多个专区,相关节目点击量近190万次。

三、落实责任完善制度,健全行业监管体系,意识形态阵地管理得到巩固加强

(一)逐级落实责任制

成立局意识形态工作领导小组,建立常态化局意识形态工作协调会议制度。制定了局《意识形态工作责任制实施细则》《关于贯彻落实网络意识形态工作责任制的责任分工意见》等管根本管长远管系统的规章制度。指导各级行政部门、播出机构、传输机构普遍建立了意识形态工作"三项制度、一个清单",形成了覆盖全省行业的意识形态制度体系,层层压实工作责任。

(二)建立应急处置机制

制定了《意识形态风险防控管控应急预案》,省局成立并指导各级广电行政管理部门和单位成立了应急处置指挥部。梳理意识形态风险点20项并逐一制定了防控管控措施,明确了各部门工作职责和流程,确保风险隐患及时发现、及时处置、及时化解。

(三)逐步完善监测体系

建成了涵盖广播、电视、互联网视听网站全业态的监测监管系统和广播电视移动监测系统,覆盖监测站点78个,基本实现了全省县级以上行政区域全覆盖,可同时实时监测全省3 916套有线电视节目、481套广播信号。

(四)组织开展督导检查

加大对行业内重点单位、重点部位的督导力度,以开展规范广播电视编播流程工作为抓手,从落实三审制、重播重审制等内容导向源头管理入手,组织开展了行业自查和实地检查。

（五）严肃查处违法违规问题

组织开展播出内容专项监测和专项治理，提示整改违规行为，转办市地局和省台查处违规问题，通报评违规单位；加强违规广告治理，核查处理违规广告，我省广播电视广告管理秩序持续规范，违法率处于全国最低排名之列；督办查处违规转让频道经营权，擅自变更呼号、节目定位等违规行为，集中治理违规使用无线频率问题，关停违规启用频率，规范无线传输覆盖网秩序。开展打击治理"黑广播"工作，查处"黑广播"违法行为，净化空中电波秩序；开展网络视听专项监测11项，查处传播淫秽色情类视频信息和无证提供网络视听节目服务等问题网站。

四、加强扶持引导，繁荣精品创作，更好地满足广大人民群众精神文化生活需求

（一）实施精品生产战略

制定出台了《广播电视网络视听节目创作精品生产三年行动计划》，提出11项重点目标任务和6项保障措施，梳理确定了9大类60余个重点项目。建立了纪录片题材库，定期开展题材库扩容工作，已有31个优秀题材入库，全力储备我省纪录片优秀题材资源，扶持引导精品创作。

（二）加大资金扶持力度

积极组织申报国家级各类扶持奖励项目，为我省精品生产提供资金保障。《歌声与微笑》等5个节目栏目和纪录片获得总局扶持资金270万元；《保护鱼类资源》等7个公益广告作品和1家传播机构获总局扶持资金39万元；电视剧本《青山不墨》《红日照天山》获得中国电视艺术家协会第二批重点现实题材电视剧剧本创作计划优秀作品奖，分别获得20万元奖励资金。组织开展了全省2019年度公益广告扶持评审活动，对34个优秀公益广告作品和6家公益广告优秀传播机构给予了48万元的资金扶持。

（三）精品影响力传播力明显提升

1. 纪录片方面，《我们的男孩》《兴安岭上》《山岭之歌》先后登陆央视纪录频道黄金时段，被誉为纪录片界的黑龙江现象。《拉林河畔》《兴安岭上》获评全国优秀国产纪录片。《我们的男孩》入选2019年中国外文局对外传播十大优秀案例，在广州纪录片节获得"金红棉组委会特别推荐优秀纪录片"大奖。

2. 节目栏目方面，省台广播剧《刀锋逐梦》获"五个一工程"优秀作品奖。《行走的第二课堂》入选总局庆祝新中国成立70周年少儿节目重点项目。《播播龙的故事口袋》《行走中的第二课堂》获得总局年度少儿精品专项资金扶持。公益文化类节目《歌声与微笑》获评总局创新创优节目。思想道德建设类节目《致敬英雄》、综艺晚会《2019环球跨年冰雪盛典》、法制类节目《遇事找法》等节目社会效益突出，被总局通报表扬。

3. 电视剧和网络剧方面，《刘家媳妇》在央视电视剧频道黄金时段首播，成为2019年第一季度全国网唯一收视率破2的电视剧；电视剧《哥哥姐姐的花样年华》《猫冬》分别在江苏卫视、吉林卫视黄金时段播出；《远方的山楂树》《我哥我嫂》在中央台电视剧频道黄金时段播出，取得良好播出效果。《新兵连轶事》《那年时光安好》等10部重点网络影视剧规划备案获总局通过；网络电影《外星人事件》在爱奇艺网站上线播出，网络剧《一个木头》《实习女捕快》通过上线备案。

五、牢记为民服务宗旨，践行党的群众路线，努力为基层企业和群众办实事解难题

（一）提高艰苦高山台站职工津贴标准

积极协调省人社厅、省财政厅印发了《关于提高艰苦广播电视台站津贴标准的批复》，从2019年1月1日起将一至六类艰苦广播电视台站津贴标准从5元、4元、3元、2元、1.5元、1元分别调整到40元、32元、24元、16元、12元、8元。

（二）有效解决覆盖盲点盲区群众的看电视难问题

针对深入调研中发现的1 743户5 473名群众不能收听收看到广播电视节目的问题，采取直播卫星覆盖方式，协调省网络公司调配2 000余套直播卫星户户通设备，协调总局直播卫星中心解决跨区域工号开通问题，于2019年11月底全部安装完毕并开通使用，受益群众能够免费收听收看到45套广播节目、61套电视节目。

（三）全省有线电视用户实现网上缴费

协调指导龙江网络公司创建网络缴费通道，开通了微信、支付宝等多种网络缴费方式，龙江网络12个分公司和元申公司341万用户全面实现网上缴费。指导龙江网络公司开发新业务，拓展在医疗、教育、智慧城市建设、互联网政务等方面的应用，联合教育部门推出"空中课堂"电视线上教育专区，实现停课不停学。

（四）积极争取落实广播电视基础设施建设和覆盖运行经费

与省发改委联合向国家申报黑龙江省2019年广播电视无线发射台站基础设施建设项目8个，争取中央投资1 224万元，全部按期开工建设。加大争取力度，测算并下达中央台节目运行维护资金11 973万元，测算并下达省级节目运行维护资金3 000万元，切实保障无线覆盖运行维护资金。

（五）提高全省广播电视无线数字化覆盖质量

在全省无线数字传输覆盖网主体工程全部完工的基础上，更新数字电视发射机及附属设备12部、中波发射机7部，维修维护发射塔15座，优化覆盖质量，覆盖区域内的群众能够免费收看到近20套数字电视节目。组织开展了"广播电视无线数字化覆盖工程宣传日"活动，全省系统1 500余名干部职工走街头、走进用户家中对惠民工程进行宣传，提高了惠民工程的知晓率。

改革创新

（六）重拳出击治理保健品、食品广告乱象

组织全省各级广播电视台集中播出国家市场监管总局制作的《防范保健食品欺诈和虚假宣传》公益广告5 544条（次），组织开展了"老年人保健产品等消费领域类广告"等保健食品行业专项清理整治行动，重点监测排查了保健领域广告，对医疗养生类节目进行全面排查，对发现的违规广告进行了督办查处。

（七）推进放管服改革和"最多跑一次"改革

开展政务服务事项全流程再造，累计精简申请材料26个，审批事项平均办理时限再压缩2个工作日，规范办事指南要素91个。扎实推进"办事不求人"工作，提升企业群众办事满意度。先后公布两批"最多跑一次"事项清单，"最多跑一次"事项比例由72%增加至94%，政务服务事项网上可办率达到100%，服务效能得到明显提升。

（八）为行业单位发展提供主动服务

与省住建厅、省自然资源厅联合发布《黑龙江省房屋建筑和市政基础设施工程竣工联合验收的实施意见》，将有线电视与供水、热力、电力等纳入房屋建筑和市政基础设施工程验收范围。

六、直面问题不回避、新官担当理旧账，新班子积极推动解决历史遗留问题

（一）解决局台分家后困难企事业单位职工医保问题

对局台分家后留给局里的困难企事业单位28家、700多名职工的医保问题不拖不等，勇于担当。新班子直面问题矛盾，主动破题解题，成立工作专班，实行领导包保责任制，通过分类分步解决的方案采取强有力措施推动解决。目前，20家大集体企业、260多名职工的医保问题得到基本解决；4家国有企业纳入省直党政机关事业所办企业脱钩和集中监管范

畴,已完成资产清查审计、人员甄别、脱钩成本送审、脱钩方式确定等前期工作,后续工作有序推进;4家事转企单位已经确定改革方向,正在逐一制定具体解决方案。

(二)困难企事业单位资产得到全面清理

印发了《局属企事业单位资产清查方案》,确定了清产权、清租期、清合同、清程序、清租金的"五清"工作目标,采取查阅凭证、实地踏查、咨询当事人等方式对4家国有企业和4家自收自支事业单位的房屋资产进行了逐户逐项清查,较为全面地掌握了资产底数、产权归属、租期租金等情况,为研究脱钩改制方向、制定方案提供了有力保证。

七、落实主体责任、完善体制机制,全面从严治党成效明显

(一)注重加强党的全面领导

大力实施党建三年提升工程,对照"三级四岗"责任清单,完善"五级"党建工作责任,形成了明确责任统筹抓的责任体系。坚持理论武装头脑,主题教育成效明显,梳理检视问题17个,当年整改到位14个。加强党建研究,2019年度先后在国家广电总局《广电党建》《龙江机关党建》和《黑龙江日报》等多家媒体刊载研讨文章14篇。2019年度机关党建工作综合成绩被省直机关工委评定为"好"的等次。

(二)注重坚持正确选人用人导向

严格执行新时期好干部标准,积极发挥党组织的领导和把关作用,坚持政治标准,注重群众公论,按需选才、因岗择人,培养和锻造高素质干部队伍。结合职级晋升和公务员遴选工作,提拔选用了8名年轻处级干部,遴选3名"85后"的年轻干部,推进了机关干部队伍年轻化。投入资金20万元完成全省广电系统人才数据库建设,入库各类别各层级人才1.9万人。

（三）注重正风反腐制度机制建设

持续巩固全面从严治党成果，积极发挥机关纪委职能作用，建立党风廉政风险排查防控机制，有效运用"一单三表"（提醒提示谈话单、重大事项备案表、婚丧嫁娶报告表、机关纪委重点工作任务分解表）的日常监督机制和重要时间节点提醒机制、重大事项机关纪委全程参与机制及个人重大事项请示报告制度，形成预防腐败链条闭合的管理机制，全年无违纪无违规事件发生。

（四）注重典型教育引领

积极开展"用身边人教育身边人"活动，省广电网络公司穆棱分公司宋兰堂为抢修有线电视中断线路不幸牺牲，党组及时做出学习宋兰堂烈士先进事迹的决定。选拔全省广电系统 8 个先进集体和个人组成先进事迹报告团，开展巡回事迹报告会，激励全系统干部职工在新时代奋发有为，焕发干事创业激情。

深化融媒改革　推动转型发展

黑龙江广播电视台

在宣传任务艰巨、行业竞争加剧、广告市场低迷的严峻形势下，2019年黑龙江广播电视台聚焦主责主业，全面深化改革，推动融媒转型，实现自身发展。

一、实施舆论引导力提升工程，聚焦主责主业不断取得新成果

1. 重大主题报道亮点频出。一是做好日常时政报道，并在重大时政报道中配发综述和评论，提高报道穿透力。二是做好全国"两会"报道。首次使用八讯道高清转播车与4K高清摄像机，配合5G传输与制作云技术，让前方记者可以在"两会"会场边拍摄边制作边传输；首次打造全媒全景全息演播室，集"4K高清大屏前置虚拟+全息虚拟蓝箱+融媒互动调度"于一体，视觉效果更具冲击力。全国"两会"报道被中宣部阅评多次表扬，国家新闻出版广电总局在例会上特别表扬"两会"节目《追梦春天》。三是做好庆祝新中国成立70周年报道。推出大型系列报道《龙江之歌》。《新闻夜航》推出"最美奋斗者""追梦人"等五组报道。9月26日至10月3日，黑龙江广播电视台6名记者前往北京报道相关主题活动。四是做好总书记视察龙江一周年报道。推出系列报道《重振雄风再出发》之综述篇、《重振雄风再出发》之访谈篇，制作专题片《大风起兮云飞扬》。五是做好哈洽会暨中俄博览会报道。策划了30年哈洽30小时直播活动。六是做好抗洪防汛报道。其中，短视频《铲车车主勇救村民

(续)》获上亿播放量。七是做好主题教育报道。推出"不忘初心、牢记使命"专栏,做好丰收节、大米节等主题报道活动。

2. 对上报道树立龙江形象。在央视发稿总计1 698条(次),其中在央视《新闻联播》播发157条(含提要65条、头题13条),居于省级台前列。在中央人民广播电台播发报道225条(次)。由黑龙江广播电视台与央视共同制作的特别节目《壮丽70年·奋斗新时代——共和国发展成就巡礼黑龙江篇》在央视新闻频道和央视新闻客户端播出,得到了省领导的表扬。

3. 融媒优先理念贯穿全程。全网粉丝规模4 100万。《新闻夜航》公众号粉丝达200万,在全国2 200万个公号中排名第九位,在所有地方媒体中综合排名第一,抖音粉丝总数513.8万。卫视《新闻联播》粉丝规模近60万,成为全省政务信息发布第一平台。全省"两会"期间,微推《破天荒,办事不求人写入政府报告》,阅读量突破10万;新媒推文《省委书记张庆伟:我一定要到你那里去看看!》总阅读量超过50万。全国"两会"期间,在全国广电系统中首批实现了5G视频直播,22场5G直播,观看人次2 631万;新媒作品《5G连线:书记省长千里听民意!》微信公众号单条阅读量突破11万,全网阅读量突破100万。全年阅读量超10万微文突破千篇。通过"无限龙江"App和借助央视新闻移动网等平台,开展上百场大型直播活动。为庆祝新中国成立70周年,推出"我和国旗合个影"融媒互动产品、"我和我的祖国"快闪活动等。融媒产品"更龙江"全网播放量2.7亿次,其中,"70年龙江儿女英雄传"除在黑龙江卫视播出,还登陆"学习强国"等新媒体平台。

二、实施品牌影响力提升工程,节目内容生产不断实现新拓展

1. 卫视龙头效应凸显。卫视频道《劳动最光荣》《驿站》等节目实现自制。围绕新中国成立70周年、中俄建交70周年主题,研发和推出《歌声与微笑》《新思想 新青年》。在TV地标(2019)中国电视媒体暨"时代之声"全国广播业综合实力大型调研成果发布会上,《歌声与微笑》获得省级卫视年度创新影响力节目。《致敬英雄》获得国家广播电视总局

2018年第四季度广播电视创新创优节目,在全国广播影视推介调查活动中荣获"影响中国传媒"2018年度最具影响力节目。《劳动最光荣》受到国家广电总局《监管日报》点名表扬。《遇事找法》受到国家广电总局《监管日报》专文表扬。纪录片《希望的田野——拉林河畔》入选国家广电总局视听中国全球播映计划,是我省唯一入选的视听作品;纪录片《希望的田野——兴安岭山》《我们的男孩》在央视纪录频道黄金时间播出。卫视节约覆盖成本3 000万,覆盖人口提升3 000万,达到11.3亿,获得2019年度全国省级卫视覆盖入网优胜奖。卫视影响力不断提升,全国收视排名第八。在第29届中国新闻奖评选中,获得一个一等奖、一个三等奖的好成绩;广播剧《刀锋逐梦》获"五个一工程"优秀作品奖;在金帆奖、金鹿奖评选中,获奖数量居于省级台前列。据索福瑞统计,广播频率占据哈尔滨地区整体市场份额三分之二以上,收听率、市场份额领军全国;各地面频道占据哈尔滨地区整体收视份额四分之一强,市网收视六强中黑龙江广播电视台占据四席。

2. 公益活动提升品质。统筹制作排播广播电视公益宣传500多次。2019龙广超级IP《喝彩!中国红》项目创造冲击世界上最多人同时托举一面国旗的吉尼斯世界纪录,活动在央视《新闻联播》中播出;第三届"接力爱·万人徒步公益活动",为200名脑瘫儿童募集20万元康复善款;连续五年与黑龙江省司法厅联合主办大型公益普法活动"法律服务龙江行";第二届机车节,新媒体平台活动直播观看量突破1 700万人次。全年举办了送戏下乡系列活动、少儿春晚、龙广年货大集等百余场大型公益活动。

3. 服务助力出新出彩。承办中俄人文合作委员会媒体合作分委会第十二次会议暨2019年中俄电视周,由于黑龙江广播电视台的出色服务保障工作,促成广电总局将中俄电视周举办地永久落户黑龙江;承办第二届旅发大会,开幕式晚会获得省委主要领导和各界观众好评。承办2019中国农民丰收节启动仪式,推出的融媒产品《咱们丰收了》点击量超过2亿,受到省委省政府主要领导表扬。服务助力"我和我的祖国——省直属机关庆祝新中国成立70周年大合唱"活动,受到了参演单位的一致好评。承办"壮丽70年·奋斗新时代"庆祝新中国成立70周年全省系列主题新闻发布会活动,组织开展发布会22场,获得省委宣传部、省委省政府充分肯定。承办黑龙江&快手网络合作暨"快UP·向北方"融媒创新大会、哈尔滨首届采冰节等活动。

三、实施融媒传播力提升工程,传统媒体转型发展明晰新方向

在省委宣传部指导下,改革方案于2019年2月被省委深改委审议通过。4月11日至5月14日,组织开展11场主题为"融变万千、化茧成蝶"的融媒发展论坛,共收到有效网络建议2万条。7月16日,在全台职工代表大会上,240多名代表全票通过了改革方案。7月23日,黑龙江广播电视台召开动员大会,改革全面启动。

1. 聚焦主责主业,构建舆论引导新格局。将新闻频率、新闻法治频道纳入全媒体新闻中心统一运营,建设媒体智库,更好地承担起为省委省政府提供媒体咨询服务的智库外脑职能;集合《党风政风热线》《"营"在龙江》等节目,打造政务服务助力平台等。

2. 聚焦融媒发展,构建融媒传播新矩阵。将《党风政风热线》《直通998》等5个IP节目划入融媒体中心,聚合移动广播电视台、网络广播电视台,打造融媒体"中央厨房";在卫视、音频产品等各中心、部门设置融媒机构。创建融媒体创新中心。与新媒体头部平台达成战略合作,搭建推介黑龙江绿色产品等方面的新媒平台。

3. 聚焦集约资源,构建内容生产新平台。推进制播分离改革,停办乡村广播,将其变为乡村节目编辑部并入新闻广播;将朝鲜语广播调整为朝鲜语新媒体编辑部并入国际部。将原"广播传媒中心"升级转型为"音频产品中心",把6个频率整合为3个内容生产事业部;将6个电视频道和1个纪录片部整合到卫视传媒中心,将黑龙江卫视打造成宣传我省的强势传播平台。

4. 聚焦提质增效,构建产业发展新生态。取消集团党委,由台党组统一领导,变台和集团分设管理层为台与集团统一管理运营。集团全资及控股公司由37家压缩到14家,关停23家;合并重组项目组、事业部3

个;撤资企业1家。关停企业中5家企业已完成清算注销。

5. 聚焦内生动力,构建传媒治理新体系。将全台一级职能部门从18个压缩至11个,机构压缩比例38.89%。实行全员聘任制,变身份管理为岗位管理。实行专业技术岗位与管理岗位双通道晋升机制,全台有202名专业技术人才首次被选聘为内设机构正副职管理岗位。

四、实施产业竞争力提升工程,文化产业经营活力得到新释放

1. 全力做好广告创收。广告经营团队推出《龙广热血男团》《喝彩!中国红》《女王驾到》三大龙广超级IP活动,文体频道通过"冰雪盛典"等14场品牌活动、新闻法治频道举办"名表文化节"等13场活动、影视频道重点IP项目"平安建设文化节"等百余场大型营销活动,强力突围增收。2019年实现了广告创收争取指标。

2. 大力拓展产业经营。龙广传媒公司推出"话说龙江""我的家乡我的歌"特色推广活动。龙塔国旅策划主题营销活动24场,与龙视萌盟达公司联合举办"美丽中国童心梦"全国青少年才艺选拔大赛,吸引人群2万余人。文体频道《快乐POKER派》举办的"黑龙江省城市赛"吸引近百万人参赛。龙脉影艺公司完成广播剧《刀锋逐梦》《元茂屯新传》生产创作等,将已有版权声音内容融入有声平台创收。黑龙江广播电视台出品、联合制作的《启航》《共和国血脉》登陆中央一套,《刘家媳妇》登陆央视八套。

3. 着力谋求外部合作。积极参展第十五届深圳文博会、哈洽会、龙江文博会。与北京四达时代集团、今日头条签订合作协议。与快手平台深度合作,特别是在丰收节、大米节等融媒合作中成果突出。联合互联网资源实力雄厚的字节跳动公司,在黑龙江省建立今日头条文创空间;与高校联合建立媒体平台实践教学体系;联合全省10所高校创立融媒人才孵化基地;与阿里巴巴集团人工智能实验室达成战略合作。TV地标(2019)中国电视媒体暨"时代之声"全国广播业综合实力大型调研成果发布会上,龙广电MCN被评为"年度优秀广电MCN机构"。

五、实施管理保障力提升工程，人才队伍团队保障注入新动能

1. 加强党建工作。实施"基层党建全面提升工程"，重新调整和设置党支部，全面落实"三会一课"、民主生活会等制度。做好驻村扶贫和援藏工作。扎实开展"不忘初心、牢记使命"主题教育，被省委第十四巡视指导组评价为在8家被指导单位中具有引领作用的单位。继续推进巡视整改工作，整改工作受到省委整改办肯定，并将经验材料上报中央巡视组。开展党风党纪巡察工作，做好审计工作。

2. 激活内生动力。完成部门岗位配置、岗位竞聘以及中层以下员工聘任、处级职级聘任工作。共聘任内设机构正职140人、副职256人，台事业平台共聘任中层以下岗位人员2 012人。组织非全日制员工及集团关停并转共计235人与龙视人才公司签订劳动合同，同时完成了176名岗位聘任转换工作部门人员合同转签工作。做强"火龙果课堂"人力服务品牌，组织全台30余人参加"韩国电视节目创意研发培训"等14次派出培训。

3. 夯实技术支撑。实现全年播出零事故；完成16讯道4K超高清转播车及8讯道高清转播车的建设工作，并投入使用。2019年12月11日，由黑龙江广播电视台倡议，包括本台在内的北方5家广电机构、9家世界知名影音器材技术公司发起的"北方4K制作联盟"成立，并举行挂牌仪式。

高举旗帜　守正创新
奋力书写新时代龙江文学新篇章

黑龙江省作家协会

2019年,黑龙江省作家协会(以下简称省作协)在省委的正确领导、中国作协的亲切关怀及省委宣传部的精心指导下,团结和带领全省作家、文学工作者深入贯彻习近平新时代中国特色社会主义思想和党的十九届四中全会精神,紧紧围绕省委省政府重大战略部署,紧密结合全省文学工作实际,各项工作呈现出全面推进、蓬勃发展的良好局面。

一、坚持政治引领,扎实推进思想政治建设

以强化理论中心组学习为龙头,以加强政治理论学习为重点,扎实做好习近平新时代中国特色社会主义思想和党的十九大精神的学习教育和贯彻落实工作。全年围绕贯彻落实中央和省委重大决策部署开展党组理论学习中心组学习18次,全体干部职工学习10余次,"不忘初心、牢记使命"主题教育专题集中学习16次;加强增强"四力"教育实践工作,面向全省青年会员及新兴文学群体举办为期5天的由青年骨干会员、活跃在创作一线的作家代表、各团体会员的负责人、基层作协文学工作者、网络作家等新兴文学群体80余人参加的深入学习贯彻习近平新时代中国特色社会主义思想专题培训班,通过培训进一步坚定文化自信和文化自觉,树立精品意识,围绕中国梦主题,聚焦现实题材,创作出更多讴歌党、讴歌祖国、讴歌人民、讴歌英雄、讴歌龙江、触动灵魂、震撼人心、有温度的好作品,使党员干部及广大作家更加牢固树立"四个意识",坚定"四个自信",做到"两个维护"。

二、坚持以人民为中心,深入开展文学精品创作工作

1. 创作多部文学精品力作。2019年,省作协专业作家、合同制作家、广大会员坚持以人民为中心的创作导向,深入生活、扎根人民,创作出一大批思想性和文学性俱佳的优秀文学作品。迟子建的中篇小说《候鸟的勇敢》获第十八届百花文学奖中篇小说奖,短篇小说《炖马靴》在2019年收获文学排行榜中位居短篇小说榜榜首,获得第十届"茅台杯"《小说选刊》年度奖短篇小说奖;张抗抗、阿成荣获黑龙江省"70年70人"模范人物称号;黑鹤的小说《黑焰》获得第三届"比安基国际文学奖"小说大奖;秦萤亮的小说《百万个明天》获2019陈伯吹国际儿童文学奖单篇作品奖;冯晏的散文《象征主义的澳门》获第十二届澳门文学奖公开组一等奖冠军;耳根(刘勇)获第三届茅盾文学新人奖·网络文学新人奖提名奖;还有多位作家获得其他门类和重要刊物文学奖项。

2. 积极开展"龙江作家写龙江"创作工作。省作协专业作家、合同制作家共出版较有影响的长篇小说15部,中短篇小说集、散文集、随笔集、诗集、长篇报告文学、传记文学和儿童文学等20余部。主要作品有:张抗抗的《张抗抗文学回忆录》、散文集《散文精读·张抗抗》;常新港的长篇小说《三片青姜》《寒风暖鸽》;黑鹤的《黑焰》等蒙古语版长篇小说和中短篇集(共10册)、《狼谷男孩》等中短篇集(4册);全勇先的剧本《悬崖之上》改编的电视剧,由张艺谋导演执导进入拍摄阶段;何凯旋的中短篇小说集《我冷我想回家》;王鸿达的长篇小说《天下警察》、中短篇小说集《野浴》;桑克的诗集《朴素的低音号》;程琳的长篇小说《伪证》《真相》;陈力娇的长篇小说《红灯笼》;鲁奇的长篇小说《灭罪者》;张建琪的剧本《恋恋不忘北上广》(45集)。耳根创作连载网络文学作品《三寸人间》,鱼人二代创作连载网络文学作品《重生似水青春》。另有近200篇长中短篇小说、散文、诗歌、报告文学、文学评论等在国内文学期刊连载、发表。全省会员出版长篇小说集、中篇小说集、短篇小说集、报告文学(纪实文学)集、散文集、诗歌集等文学专集专著100余部,发表长篇小说(含网络小说)、中短篇小说、小小说、报告文学(纪实文学)、散文、诗歌等各类别文学作品2 000余篇。

3. 编辑出版龙江文学评论书系。该书系汇集了于文秀、王立宪、韦健玮、叶君、乔焕江、任雪梅、刘金祥、汪树东、陈爱中、林超然、罗振亚、金钢、郭力、郭淑梅、喻权中15位批评家的文集,集中对黑龙江文学、黑龙江作家进行评介,推动了龙江文学批评和文学创作工作的共同发展,扩大了龙江作家和批评家在全国的影响力。

4. 举办庆祝新中国成立70周年主题征文活动。省作协与省委宣传部等四家单位联合举办了"我和我的祖国"主题征文活动,共征集近1 500篇作品,评出一、二、三等奖及优秀奖164篇;与黑龙江高校广播《PS早安秀》节目合作,向广大听众介绍了70年来黑龙江省文学作品创作取得的巨大成绩以及举办"我和我的祖国"主题征文活动对于龙江文学创作的促进作用,进一步扩大了征文活动的社会影响。

三、坚持德艺双馨,全面打造素质过硬的作家队伍

1. 不断充实龙江文学大军。2019年,严格按照入会标准,发展省级新会员90名,对申报的每一部作品都在中国新闻出版信息网上进行版权认证。整理好入会资料后,组织专家对作品进行审读,主席团会上报请主席办公会进行会员审批;按照中国作协入会管理办法整理入会资料,对申请加入中国作协的省级会员进行严格把关审核,报送中国作协。在中国作协2019年度入会名单公布后,协助中国作协完成18名新会员入会手续的办理工作。目前,有省作协会员3 245名,中国作协会员253名。

2. 大力培养中青年作家。面向全省中青年作家,举办为期5天的第十九届作家培训班,来自全省各地的44名中青年作家参加学习,进一步提升了文学创作水平,明确了所肩负的时代使命,自觉承担起举旗帜、聚民心、育新人、兴文化、展形象的使命任务,主动承担起弘扬、践行社会主义核心价值观的责任,不断增强脚力、脑力、眼力、笔力,自觉投身到龙江全面振兴的伟大事业中。

3. 加强对新兴文学群体的联系服务。在网络文学发展方面,省作协推荐网络作家参加中国作协网络文学扶持项目并获得扶持。省作协网络作家会员"就为活着"的作品《俗艺大师》荣获"首届全国网络文学现实题材主题征文大赛"三等奖,同时斩获"2019扬子江网络文学原创作品大赛"二等奖;"蓝盔战歌"的作品《维和先锋》荣获"首届全国网络文学现实题材主题征文大赛"优秀奖。

4. 深化对作家的服务和培养。廉世广的作品《参城叙事》、梁甜甜的作品《仰天长啸——为抗联英烈勒碑》、丁龙海的作品《风起兮》、王延才的作品《中国名片》、苗若木的作品《无声往事》申报中国作协重点作品扶持项目;推荐杨艾琳的作品《沈清寻》、杨美宇的作品《河流与铁轨》、王绍枫的作品《红岸——我的大学》、徐海丹的作品《夜冷卿卿归》、陈伟忠的作品《雪域诗纪》申报少数民族文学重点作品扶持项目;沐清雨的作品《渔火已归》、九斗的作品《谁的人生不狼狈》、唐吉诃巴的作品《我不是杀马特》、就为活着的作品《俗艺大师》、赵艳琴的作品《血脉》申报网络文学中心重点作品;推荐张玉秋的作品《印象北方》、侯波的作品《春天里的鄂伦春》申报中国作协重点作品扶持"少数民族文学之星"丛书;推荐王鸿达的作品《天下警察》、陈力娇的作品《红灯笼》、唐飙的作品《冒烟的石头》、张雅文的作品《为你而生——刘永坦传》、冯晏的作品《冯晏诗选(2015—2021)》申报中国当代文学创作工程规划项目。推荐葛均义的《流放》、王鸿达的《青马湖》、程琳的《人民警察》3部长篇小说参评第十届茅盾文学奖评选,推荐曹立光、金薇2位作家申报第三届茅盾文学新人奖,推荐耳根、鱼人二代、沐清雨、城君、康静文5位作家参评第二届茅盾文学新人奖暨网络文学新人奖。积极选送2批3位中青年作家赴鲁迅文学院学习深造,组织6批次12名作家参加中国作协会员休假活动,为黑龙江省的文学发展积攒长足的后继力量。

四、坚持"二为"方向,大力加强文学场馆建设

2019年,省作协全面推进了黑龙江文学馆建设。

1. 完成展陈大纲撰写工作。组织专家成立黑龙江文学馆展陈大纲撰写组,在多次调研基础上,历时 4 个月,专家、顾问委员会研讨论证十余次,完成了黑龙江文学馆展陈大纲撰写及定稿工作,呈报省委宣传部,得到省委宣传部的肯定,为做到文学导向正确、史料准确翔实、展陈形式独特,客观全面展示黑龙江文学发展成就,又按照省委宣传部意见,征求省直多个单位意见,对展陈大纲进行丰富完善。

2. 同步开展展品征集工作。面向展陈大纲确定的 68 位重点作家,全面开展资料征集工作。征集到作品、手稿、书信、照片、实物等相关资料,并对已征集到的资料进行了整理和遴选。

3. 积极推进展馆建设工作。省作协多次与省直有关部门联系沟通,全面启动前期招标工作。

五、坚持深化改革,落实落靠改革任务

1. 加大基层调研力度。2019 年省作协加强了调研工作力度,重点围绕党的十八大以来文学创作所取得的突出成就、龙江作家书写龙江情况、网络文学发展情况等突出问题开展调研 6 次,形成了《十八大以来我省文学创作相关情况的调研》《齐齐哈尔少数民族文学创作情况调研》《十八大以来黑龙江文学创作情况调研报告》《省作协关于机关思想作风建设调研报告》《省作协网络文学情况调研报告》《省作协团体会员组织机构和会员情况调研报告》,全面深入地了解掌握了基层情况。

2. 创新服务基层新模式。加强对基层作协的支持和扶持,省作协开创与基层作协合作举办文学活动的新模式,制定印发《省作协延伸手臂、服务基层工作制度》。与基层作协和文学组织合作举办绥芬河骨干作家培训班、朝鲜族作家培训班,开设文学公益大讲堂,组织省内知名作家做文学专题讲座;与佳木斯市文联、市作协共同举办"不忘初心、牢记使命"庆祝新中国成立 70 周年——走进赫哲族调研采风活动,激发了爱国主义精神,增强了民族自豪感,进一步为文学创作提供了源泉活水,省、市、县作家的深入探讨和交流切磋进一步提升了基层作家、文学爱好者的文学鉴赏能力和创作水平,对赫哲族历史文化传承与演变的深入了解,进一步丰富了广大作家的创作题材,促进了对龙江历史文化资源的深入挖掘;与绥芬河作协共同举办"庆祝新中国成立70周年——走进绥芬河"调研采风和"金秋诗会"活动,采风团深入绥芬河综合保税区、边境经济合作区、公路口岸、铁路口岸等地实地踏查、调研和采风,感受百年口岸改革开放以来取得的发展成就,深度解读中俄文化交融的绥芬河城市密码,还参观了同江市赫哲族博物馆、街津口赫哲民族文化村、赫哲族文化中心等少数民族文化展馆及佳木斯市作协同江市赫哲族文学创作基地、龙彼德文学馆等当地文创基地,感受了拉哈苏苏海关旧址博物馆、中华文化园等深厚的历史文化资源,见证了哈鱼岛口岸、中俄黑龙江铁路大桥等突出成就;与齐齐哈尔市作协共同举办中国(齐齐哈尔)第八届扎龙诗会和网络作家吴琼事迹报告会,深入黑龙江扎龙国家级自然保护区开展采风创作活动,领略湿地风光的壮美、群鹤起舞的震撼;与齐齐哈尔诗词协会共同举办"鹤城诗会"。全年成功举办10项专题文学活动,竭尽全力解决基层作协"无经费、无专人、无办公场所"的困难,扩大了基层文学活动的广度和深度。

3. 深入开展专项文学惠民活动。省作协组织了"送文学进军营"活动,丰富了边防官兵业余文化生活,同时激发了官兵们对文学和写作的兴趣;组织"红色文艺轻骑兵小分队"深入哈尔滨御防酒业有限公司、纪念萧红逝世77周年诗文朗诵会等多项面向基层的文学惠民活动,搭建文学交流的平台,让基层官兵、人民群众充分感受文学魅力,激发对阅读和写作的兴趣,提高文学品位和鉴赏能力,丰富精神文化生活。

六、坚持守土有责,持续强化意识形态工作

1. 加强对文学阵地的管控。严格落实意识形态工作责任制,进一步强化对黑龙江作家网、《黑龙江作家》会刊等阵地的管理。

2. 加强对全省作家的舆论引导。下发《黑龙江省作家协会关于加强团体会员意识形态建设工作的通知》,与作家签订《黑龙江省作家协会文学工作者职业道德公约》,积极引导各团体会员单位坚持正确的办报办刊导向,加强对所属文学报刊、网站的管理和引导。

3. 加强深度宣推。在严把意识形态关口及对黑龙江省作家作品宣传推介工作的同时,全年累计在《文艺报》、中国作家网、中国作协《文学工作信息》、《黑龙江日报》、"黑龙江宣传"等省级、国家级主流媒体平台发表宣推本土作家和龙江文学的新闻稿件近50篇,充分展现龙江作家风采,进一步提升龙江文学影响力。

高举旗帜 守正创新
为繁荣发展龙江哲学社会科学事业汇智聚力

黑龙江省社会科学界联合会

2019年,黑龙江省社会科学界联合会在省委的坚强领导和省委宣传部的直接指导下,团结带领各级社联社团组织和广大社科工作者,把学习宣传研究阐释习近平新时代中国特色社会主义思想和党的十九大精神作为主线,深入贯彻落实中央、省委关于加快构建中国特色哲学社会科学的部署要求,紧紧围绕全省中心工作,不忘初心、牢记使命,勇于担当、积极作为,各项工作稳中有进,成效明显,为助推龙江全面振兴全方位振兴做出了积极贡献。

一、高举旗帜,凝心聚力,理论武装扎实推进

始终把深入学习贯彻习近平新时代中国特色社会主义思想作为首要任务,通过专班、专题、专项、专刊、专栏、专场、专报一体发力,持续推进党的创新理论的学习研究和宣传阐释,不断引领全省社科工作者牢固树立"四个意识",坚定"四个自信",自觉践行"两个维护",自觉把学术研究和理论宣传与本省经济社会发展的实践紧密结合,为推动龙江全面振兴全方位振兴凝聚力量。先后组织开展了"学讲话·谋振兴"系列活动,配合省委宣传部举办"学习贯彻党的十九届四中全会精神座谈会",在省社科联官网推出"不忘初心、牢记使命"主题教育、"党的十九届四中全会"专栏,利用省社科联官微和"学术交流""知与行"微信公众号及时推介理

论文章,在《学术交流》和《知与行》杂志陆续推出"庆祝新中国成立70周年""深入推进东北振兴""解放思想 推动高质量发展"等专题和笔谈,刊发理论文章60篇,两刊已连续三年被省委宣传部评为党的十九大精神理论宣传工作表现突出单位。

二、提高认识,筑牢防线,牢牢掌握意识形态工作主动权

社科联作为党在意识形态领域的重要阵地,始终坚持认真履行维护意识形态安全的使命职责。开展重大重点领域和关键环节重大风险点排查,制定管控预案,落实管控责任,不断加强对讲坛讲座、学术活动、官网官微、期刊课题等工作的政治把关和风险防控;起草制定了《省社科联业务主管社会组织意识形态管理制度》等4个意识形态制度,强化对社科工作者的政治方向、价值取向和学术导向的规范和引领;开展社科联意识形态领域问题的调研工作,形成《省社科联意识形态工作中的主要风险点与防控管控对策研究》等3篇调研报告,并在全省意识形态工作领导小组会议上进行了交流发言;召开了社科类社会组织意识形态工作会议,与社科类社会组织签订了意识形态责任书;制定印发《省社科联网络信息发布管理办法》,做好网络信息发布和管理工作,加大对网络信息的监控力度;开展社科类社会组织意识形态调研工作,定期向省委报告意识形态工作情况,加强对社科类社团成立的前置审查和社会组织举办讲座、论坛的审批备案,保证了社科联系统意识形态工作的健康稳定。

三、围绕中心,服务大局,咨政服务能力不断提升

坚持在龙江振兴发展大局上找准工作切入点和着力点,充分发挥社科界的学理支撑和智力支持作用。

一是继续推进黑龙江省经济社会发展重点研究课题的实施工作。全省经济社会发展重点研究课题聚焦重点、立足需求、精准发力,围绕全省及市地当前和今后经济社会发展主要目标、年度重要工作等征集选题,共征集主课题选题120项、市地专项课题选题30项。经遴选,确定招标课题共计75项,通过个人填报、单位审核、初审、专家评审、现场答辩、复审等立项评审环节,最终73项课题获准立项,其中主课题59项、地方服务专项课题14项。加强课题管理和指导培训,召开课题培训会议,健全管理制度和运行机制,做好课题选题、立项申报、中期审核、结题验收、成果应用等课题实施全过程的指导和管理工作,保障课题质量,确保课题研究的顺利实施。全年结题71项,共取得决策咨询报告、调研报告、著作、论文等阶段性研究成果182项,累计96万字,被需求单位采纳课题56项。

二是加大成果转化力度,做好宣传推广工作。加强全省经济社会发展重点研究课题成果的宣传推广,编辑出版《龙江社科智库报告(2019)》,累计收录课题成果文章65篇。编辑报送《社科成果要报》31期,有4期获张庆伟等省领导批示,2期获厅局级领导批示。开展社科优秀成果网上宣传和网下展览,在哈尔滨学院、哈尔滨金融学院举办社科优秀成果展览,在省社科联官网登载推介获奖优秀社科成果信息近60条,编印《黑龙江省第十八届社会科学优秀成果精粹》,总计14万字。

三是深入开展社科专家基层行活动。先后组织社科专家学者赴齐齐哈尔、大庆、牡丹江市开展了4次社科专家基层行活动,累计派出社科专家63人次,考察产业园区、工厂、文化场馆等20余处,举办经济社会发展研讨交流会议8次、"龙江讲坛"进基层专题报告会4次、省经济社会发展重点研究课题论证答辩会议5次,通过资源整合、形式创新,既为地方党委政府决策提供咨询服务,又通过科普服务提高人民群众科学素养,得到地方政府和基层单位的广泛认可。

四、完善机制,搭建平台,社科人才健康成长

坚持以社科工作者为本,服务扶持相结合,努力为社科工作者成长成才和推出更多学术精品搭建平台。

一是表彰黑龙江省第十八届社会科学优秀成果。充分发挥社科优秀成果评奖的激励和导向作用,印发《关于表彰奖励黑龙江省第十八届社会科学优秀成果的决定》,在省社科联第九次代表大会上举行颁奖仪式,对获奖代表进行表彰。

二是成功举办第三期省社科理论界青年人才培训班。组织省内青年学术骨干、市（地）社科联工作人员、省社科联优秀党务工作者等50余人在大庆开展培训，进行革命传统和革命文化教育，加强党性修养和锻炼。

三是开展外语学科课题立项和艺术、哲学、文学、外语、社会学心理学科评奖工作。加强外语学科课题管理工作，召开课题立项培训会议，进一步规范课题申报评审流程，通过征集申报、网络评审、评委会审议、公示等环节，100项课题获准立项，其中重点课题20项，一般课题30项，扶持课题50项。学科评奖进一步细化标准、优化流程、提升质量，评选出的优秀成果中，艺术学科145项，哲学学科50项，文学学科50项，外语学科74项，获奖率均不超过申报量的50%。

四是联合省财政厅开展2019年全省社科学术著作出版资助工作。经过申报、初审、网络匿名评审、专家复核等环节，共有27部反映我省社科工作者最新研究成果的学术著作获准立项并获得资助，其中重点项目12部，一般项目12部，扶持项目3部。成果质量较之以往有所提升，一些学术水平较高的著作得到了业内专业评审专家的高度评价。

五是高效有序开展职称评审工作。受省人社厅委托，开展了2019年度全省经济系列高级职称评审工作。本着公平公正公开的原则，严格按照时限要求完成了材料受理工作，共接受申报539人，经评审、答辩、公示等各环节工作，评审通过417人。

五、导向引领，协同创新，学术研究和学术交流繁荣发展

围绕着力构建中国特色龙江风格哲学社会科学开展丰富多彩的学术活动，营造良好的学术氛围。

一是组织开展第十届社团学术活动月活动。征集高校社科联、省级社科类社会组织、省社科学术交流基地申报各类学术活动147项，对征集的活动逐一审查指导、备案登记，从会议主题、参与规模、学术层次、实际效果等各方面进行综合评估，遴选38项重点学术活动，提出了一系列具有全局性、建设性、前瞻性的学术观点和政策建议，形成了浓厚的理论研究氛围。

二是加强社科学术交流基地建设。新增2家学术交流基地；组织全省21个基地召开工作会议,各基地负责人共计30余人参加了会议,研究讨论了《黑龙江省学术交流基地管理办法》,为基地建设提出了很好的建议,形成了合力攻关、协同创新的工作局面。

三是加强理论平台建设。2019年《学术交流》为提高期刊质量,继续减少发文量,加大约稿组稿力度,全年刊发文章被专栏介绍1次,全文转载25篇,论点摘编17篇,篇目辑览15篇,转载量较上年提升了56.8%。《知与行》着力打造品牌和特色栏目,不断提高期刊质量,被评为"2018年度国家哲学社会科学文献中心学术期刊数据库综合性人文社会科学学科最受欢迎期刊",在《2018年度学术期刊数据库用户关注度报告》中,位列567种期刊的第12位。

六、转变方式,拓展渠道,公众人文社科普及取得新突破

坚持面向大众、面向基层的服务理念,不断拓展社科普及领域,创新工作方式方法。

一是公益性讲座"龙江讲坛"长盛不衰。全年举办讲座59期,创历史新高,策划推出"美好生活""世界阅读日""科技周""文旅融合""不忘初心、牢记使命""庆祝新中国成立七十周年""文艺家说"7个系列共37场讲座。围绕重大纪念日、重大活动,举办纪念五四运动一百周年、解放思想推动高质量发展、奋斗青春最无悔、中华优秀传统文化、国防教育、形势与任务、普法教育、党的十九届四中全会精神等专题报告会13场。开展龙江讲坛"走出去"活动,进基层、进校园、进机关、进企业、进社区举办讲座24场。编辑《龙江讲坛系列讲座·传统文化卷》,开通了客户端直播平台,浏览量、社会关注度逐步提升,受到百姓广泛认可和喜爱。

二是公益讲座协作效能全面提升。以龙江讲坛为龙头,带动全省公益讲座协作成员单位积极开展活动,以进校园、进基层等形式合作举办讲座12场,通过成员间资源整合协作,提升服务能力,扩大公益讲座影响力。

三是积极助力全省科技活动周。积极完成科普联席会各项任务,围绕"科技强国 科普惠民"主题开展了"文化遗产让生活更美好"、新中国成立70周年科普展览等6场系列科普讲座及科普活动,获评"2019年黑龙江省科技活动周优秀组织单位"。

四是科普月示范带动效应日益凸显。举办第十届社科普及月活动,组织全省各级社科联、社科类社会组织、科普基地围绕"壮丽七十年 奋进新时代"主题,广泛开展讲座、咨询、宣传、展览等社科普及活动200余项,遴选资助40余项重点科普示范活动及亮点活动,向公众发放《科普月活动指南》3 000册。

五是加强社科普及基地建设管理。开展第四批社科普及基地征集工作,推动红色文化宣传阵地纳入全省第四批社科普及基地建设,组织基地向公众广泛开展形式多样的科普活动。围绕科普基地工作开展调研,对东北烈士纪念馆、齐齐哈尔市读书协会、东北抗联精神党性教育基地等17家申报单位及在建基地进行实地调研,形成《我省社会科学普及基地建设中存在的问题与对策研究》调研报告,提出了加强黑龙江省社科普及基地建设的对策与建议。

七、建章立制,夯实基础,社科联和各级社科类社会组织自身建设迈上新台阶

坚持夯实基础、焕发活力,大力推进各级社科联组织建设,充分发挥社科联组织的枢纽作用。有序推进全省社科联系统改革,对市(地)社科联改革工作推进情况进行调研,召开了全省社科联系统改革工作推进会,指导伊春、鹤岗、绥化市社科联制定了改革方案,在梳理情况、分析问题的基础上形成了社科联系统改革情况调研报告。加强高校社科联建设,全年审批成立了2家高校社科联,实现省内公办本科院校社科联组织的全覆盖,并不断推动有条件的高职高专及民办院校成立高校社科联。积极稳妥推进社会组织建设步伐,严格社科类社会组织成立前置审查,指导成立1家省级社团。加强和改进对社科类社会组织的管理与服务,坚持"分类管理、有进有出"的社会组织管理机制,清理整顿"僵尸社团"。积极推进社科类社会组织党组织建设,指导5家业务主管社团成立党支部,实现应建尽建。胜利召开省社科联第九次代表大会,按期完成换届任务。指导1家市(地)社科联、1家团体会员完成换届。积极配合省委常规巡视工作,扎实开展"不忘初心、牢记使命"学习教育,社科联组织思想作风建设持续加强,在工作中履职尽责,充分发挥了自身优势。

深化改革　开拓进取
加快迈向高质量发展

黑龙江出版集团

2019年,在省委、省政府的正确领导下,黑龙江出版集团深入学习贯彻习近平新时代中国特色社会主义思想,坚持守正创新、开拓进取,围绕中心、服务大局,在优主业、推上市、促转型、强管理、抓党建等方面迈出坚实步伐,取得丰硕成果。集团营业收入同比上年增长9.92%,利润总额同比上年增长46.21%,实现社会效益与经济效益"双丰收",集团所属黑龙江出版传媒股份有限公司(以下简称"股份公司")顺利进入上市辅导阶段,为企业实现上市目标、寻求跨越式发展奠定了坚实基础。

一、严把出版导向,精品阵营不断优化

集团严把内容导向,优化选题结构,规范出版流程,加大审读质检力度,促进出版产品质量稳步提升。修订《图书出版奖励暂行办法》,进一步提高对获国家级奖励图书和国家重点支持出版项目的奖励标准。紧扣宣传主题主线,精心打造《龙江魂》《为你而生——刘永坦传》等一系列主旋律精品力作。扩大精品项目建设,黑龙江人民出版社《战国史》、黑龙江教育出版社《跨越国界的大爱——中国养父母与日本遗孤历史记忆》《黑龙江原住民女真历史文化遗产系列丛书》、黑龙江少年儿童出版社《记住乡愁——留给孩子们的中国民俗文化》、黑龙江美术出版社《马克思主义在中国东北区域社会的传播与践行研究(1872—1958)》《抗战漫

画资料收集整理与研究(第一辑)》《国韵瑰宝——中国梨园大家影画传·尚长荣卷》、黑龙江北方文艺出版社《宋代科举制度与文学演变》、黑龙江科学技术出版社《中国藏药资源特色物种图鉴》《寒地杂交榛子良种选育与栽培研究》以及黑龙江东北数字出版传媒有限公司《东北工业百年回眸(第二集)》11种出版物入选国家出版基金资助项目,再创历年之最。黑龙江朝鲜民族出版社《朝鲜族传统故事精选》(朝鲜文)、《朝鲜语词典》数字化出版以及黑龙江东北数字出版传媒有限公司《"一带一路"上的中国边疆历史文化——大河黑龙江卷》(俄语版、蒙古语版)3种出版物获得国家民族文字出版专项资金资助。黑龙江人民出版社《邓散木全集》、黑龙江东北数字出版传媒有限公司《法治知识》分别荣获第七届中华优秀出版物奖图书提名奖、音像电子游戏出版物提名奖。集团党委书记、董事长李久军荣获第十三届韬奋出版奖。积极参加北京图书订货会、北京国际图书博览会、上海书展、西安书博会等展会,集中展示集团精品出版物,取得丰硕成果。各出版社着力强化品牌建设,积极拓展发行渠道,市场竞争力、辐射力有效增强。大力开展出版业务培训,邀请人民出版社总编辑辛广伟及国家质检专家等围绕"新时代主题出版的策划与创新"等主题展开培训,着力提升编校人员业务素质。加大教育出版市场攻坚力度,人教版教材市场占有率稳居全国前列,教辅发行码洋比上年增加6 000余万元。股份公司获得黑龙江独家教材发行资质。克服诸多困难,确保春秋两季教材"课前到书、人手一册"政治任务圆满完成。大力推动文化"走出去",参与举办"中国图书对外推广计划"工作小组第十四次工作会议,集团在会上获"走出去"特别贡献奖;举办第九届东北论坛等交流活动,与俄罗斯岛出版社达成7种图书版权输出协议,黑龙江科学技术出版社《东方奶酪传奇——王致和》入选丝路书香出版工程项目。

二、深化改革发展,上市工作有序推进

系统完善法人治理结构,制定、修订《公司章程》《董事会议事规则》《监事会议事规则》《总经理工作细则》等一批基础性文件,规范集团公司和股份公司"三会一层"运作。优化母子公司管理,有序开展黑龙江省新华印务集团、黑龙江新华书店集团、黑龙江报刊传媒集团组建及黑龙江东北数字出版传媒有限公司、黑龙江出版传媒投资有限公司注入股份公司等工作,积极推进"僵尸企业"清理等工作,全面清理、解决与黑龙江文化产业投资控股集团同业竞争、关联交易等上市障碍和历史遗留问题,取得关键突破。精心谋划出版大厦建设等一批募投项目和其他创新项目,黑龙江少年儿童出版社中国冰雪儿童文学创作与研究基地项目、黑龙江新媒体集团文化创意产业云服务平台(二期)项目、黑龙江省新华图书连锁经营有限公司智能化物流升级扩容项目和智慧书城建设项目、黑龙江省新华印务集团智能化印刷工厂项目、黑龙江东北数字出版传媒有限公司健康耕读文化产业带项目5个项目获得省级文化产业发展专项资金支持。强化制度创新,集中制定实施企业负责人"双效"考核、资产管理、工程项目管理、财务管理、审计监督、劳动用工管理、干部选拔任用等方面一系列新制度,加快内控制度体系建设。推动出版、印刷、发行全链条去库存,多措并举提升发展质量,全年共节约办公费、差旅费、车辆使用费等可控费用支出532万元。推进资金集中管控,构建股份公司资金"蓄水池"。加快资产、财务、人力资源管理信息化建设,提高管理效能。严格开展内部审计,进一步提升企业管理规范化水平。以上市辅导为契机,推动企业管理全方位提档升级。股份公司成功入选黑龙江省政府"紫丁香计划",成为全省重点拟上市企业"头号选手"。

三、推动转型创新,融合发展稳步实施

大力推进新媒体建设,构建融合传播矩阵,黑龙江新媒体集团打造"黑龙江网智媒体发布平台",形成智能选稿、一键发布、静态化访问、模板化运营等智慧媒体发布系统雏形。建立舆情监测系统,实现从搜索、研判、追踪、分析到处理的全流程大数据智能舆情监测系统。强化技术研发和应用,新增软件著作权6项,一批合作项目交付使用。

加快出版数字化转型,黑龙江东北数字出版传媒有限公司"中国养父母记忆馆"数字展馆上线运行,"多维边疆知识服务产品数据库"入选新闻出版署数字出版精品遴选推荐计划。各出版单位扩大同网络阅读、学术服务等平台合作,深挖内容资源,建立推广渠道,积极探索有声出版、知识服务等新模式。

持续深化书店转型升级,又有集贤、宝清2家县级新华书店完成转型升级。截至2019年年底,全省共有34家书店完成转型升级,新增鹤岗市新华书店、富锦市新华书店、逊克县新华书店3家书店获"中国最美新华书店"称号,连锁经营基本实现了全覆盖。积极实施"服务进校园"规划,推进校园书店建设,馆配馆建业务持续拓展。

大力推动印刷升级,数字化绿色印刷产业园区建设进一步推进,生产能力持续增强,印装生产质量稳步提高,有13个承印品种在人教社2次质量评比中获优质品奖,有2个承印品种分别获得第七届中华印制大奖金奖、银奖。

四、广泛惠及民生,文化服务成果丰硕

坚持"以公益之心做文化",广泛开展"书香龙江读书节""朗读者计划"等品牌全民阅读活动,继续携手中国新闻出版传媒集团举办"妈妈导读师"黑龙江亲子阅读大赛,黑龙江少年儿童出版社"栗鼠阅读"和黑龙江东北数字出版传媒公司运营的"书香龙江"微信公众号入选第四届"大众喜爱的50个阅读微信公众号",黑龙江人民出版社《中国改革开放全景录·黑龙江卷》、黑龙江少年儿童出版社《大草原和小布多》、黑龙江美术出版社《小笨熊的惊天秘密》3种精品图书入选黑龙江省全民阅读第五批推荐书目。助力农家书屋建设,46种精品书刊入选新闻出版署农家书屋重点出版物推荐目录。依托全省新华书店,保质保量完成了《习近平新时代中国特色社会主义思想学习纲要》(以下简称《纲要》)、《新中国发展面对面》等重要党政读物发行任务,《纲要》发行总码洋达2 600余万元。依托新媒体平台,围绕新中国成立70周年、"不忘初心、牢记使命"主题教育、龙江脱贫攻坚战等策划推出一系列主旋律报道,多维度展现龙江发展新颜新貌。积极延伸展会服务,黑龙江新媒体集团承办中国(深圳)国际文化产业博览交易会黑龙江展、哈尔滨国际经济贸易洽谈会时尚文化展。集团广泛开展图书捐赠,推进文化进校园、进乡村、进基层。

扎实做好对口精准扶贫工作,为青冈县有利村送技术、送资金、送人才、送文化,建设有利村党员活动室、有利村农家书屋,大力改善村内基础设施,美化村屯环境,积极开发扶贫产业项目,大鹅养殖项目顺利投产并初步取得良好成效。

五、坚持姓党为民,党建工作取得实效

深入开展"不忘初心、牢记使命"主题教育,一体落实学习教育、调查研究、检视问题、整改落实等重点措施,做到学查改贯通、知信行统一。扎实落实省委巡视反馈问题整改,及时完善一批管理制度,做到真改实改、应改尽改。积极开展解放思想推动高质量发展大讨论,加强调研,组织研讨,开展专题党课活动。党委班子带头加强自身建设,夯实理论基础,坚定理想信念,强化政治引领,改进工作作风,坚持党的建设与改革发展同谋划、同部署、同落实、同检查,推动党的建设与业务工作深度融合,各单位全面将党的领导、党的建设有关内容写入章程。继续实施基层党建全面提升工程,引导干部员工增强"姓党为民"意识,增强基层党组织凝聚力、战斗力。党委班子成员带头讲党课,邀请省直机关工委王明军、省委史志研究室张洪兴、省委党校亓利等专家学者做党建方面专题讲座。召开纪念建党98周年大会,表彰一批先进基层党组织和个人,强化榜样引领作用。坚定不移推进党风廉政建设,强化监督执纪问责,创新警示教育,为集团改革发展建立了良好政治生态保障。推进企业文化建设,建立并完善股份公司企业形象识别系统,提炼企业精神、使命、愿景、团队建设目标等文化元素,加强推广和应用,凝聚强大合力,彰显良好形象。着力丰富员工文化生活,举办职工读书征文比赛、爱国主义教育、学雷锋志愿服务、素质拓展、篮球赛暨啦啦操大赛等丰富多彩的文体活动,团队凝聚力、向心力进一步增强。

发挥地缘优势　推进对外文化"走出去"

黑龙江出版集团

党的十九大报告提出,"推进国际传播能力建设,讲好中国故事,传播好中国声音,向世界展现真实、立体、全面的中国"。"十三五"期间,黑龙江出版集团按照习近平总书记的指示,在新形势下积极探索"走出去"工作的方法路径,充分发挥图书出版以文促情、以文建信的重要作用,坚持"引进来"和"走出去"并重,文化交流与文化贸易并举,在讲好中国故事、加强内容建设、创新方式方法、提高传播效果等方面不断努力,发挥品牌、资源、渠道等方面的优势,紧抓数字出版机遇,不断进行内容创新和产品创优,在对外文化"走出去"方面迈出了坚实的一步。

一、量体裁衣,版权贸易取得新突破

鲁迅先生曾说:"俄国文学是我们的导师和朋友。"我们耳熟能详的作家普希金、屠格涅夫、托尔斯泰、契诃夫、高尔基等和那些经典的俄罗斯文学作品影响了中国几代人,至今仍然光芒不减。可以说,俄罗斯文学是世界文学宝库里的瑰宝。但随着世界局势的变幻,近年来中国图书市场上,谈外国文学必推英美,俄罗斯主题图书似乎成了"冷门"。为激励两国文化互通交流,2013年,国家新闻出版广电总局与俄罗斯联邦出版与大众传媒签署了《"中俄经典与现当代文学作品互译出版项目"合作备忘录》,正式启动中俄双方文学经典互译出版项目。黑龙江出版集团以此为契机,申请和承担了多个项目,陆续引进和翻译了《革命博物馆》

《1962》等俄罗斯现当代文学经典之作。此后,集团继续精心策划俄罗斯主题图书,从《二十世纪俄罗斯文学词典》到《俄罗斯文学经典诗歌100首朗诵集》,再到《俄罗斯现当代儿童文学大系》《托尔斯泰献给孩子们的书》等,进一步为中国读者了解俄罗斯和俄罗斯文学打开了一扇窗,也为喜爱和研究俄罗斯文学的人们提供了更为丰富的第一手资料。通过版权引进,黑龙江出版集团已经在俄罗斯当代文学译介上形成了一定的品牌。俄罗斯联邦国家文学奖的获奖作品、俄罗斯著名作家利哈诺夫的《我的将军》一书还于2016年参评由中国版协参与主办的年度输出版、引进版优秀图书推介活动,获得"引进版优秀图书"奖。

积极"引进来"是为了更好地"走出去"。优质、丰富的文化产品是出版"走出去"的重要前提。黑龙江出版集团在"引进来"的同时,也在积极推动龙版精品"走出去"。如果说立足国际视野,将展现中国特色、体现民族精神的文化产品做精做活是进入国际市场的"入场券",那么量体裁衣,根据不同地区的市场需求和读者偏好策划开发外向型图书则是打开版权贸易市场的"金钥匙"。在"十三五"期间,黑龙江出版集团通过发挥品牌、资源、渠道等方面的优势,不断进行内容创新和产品创优,有计划、分步骤地打造了一批精品图书走进国际市场。集团充分利用毗邻俄罗斯的区位优势,深入挖掘黑龙江地方历史文化资源,有针对性地开发了一批与俄侨文化、中东铁路、犹太历史等题材相关的出版物。同时,从传统文化、祖国传统医学、原创少儿图书等角度着手开发选题,传播中国声音,展示中华文化。《哈尔滨犹太人图史》《红色记忆——中东铁路上的中国梦》《睡前亲子微童话365》等30余种图书版权输出到俄罗斯。黑龙江朝鲜民族出版社借助在韩国分社"华文堂"的优势,积极推动对韩版权贸易。2017年,韩国分社与韩国国学资料院合作出版了《话说中国》丛书套装,向韩国读者全景式地展示了中华五千年的灿烂文明。该社向韩国输出版权的《少儿汉语:HSK中国语》(共22册)、《大唐气象(隋唐)》(韩语版)、《春秋巨人》(韩语版)等图书入选"经典中国国际出版工程"项目。黑龙江教育出版社积极输出版权,许多项目得到国家级奖励和资助,如《中蒙国家关系历史编年(1949—2014)》(蒙文版)、《精神家园丛书》(英文版)入选经典中国国际出版工程项目,《人的家园——新文化论》(日文版)入选2018年"图书版权输出奖励计划"三期普遍奖励书目。黑龙江美术出版社的《灵动飘逸——京剧摄影艺术》入选中国图书对外推广计划"两个工程"项目。黑龙江科学技术出版社的《东方奶酪传奇——王致和》入选国家新闻出版署2019年丝路书香出版工程项目。

在充分进行版权贸易的同时,集团采取项目合作的方式与俄罗斯出版机构和学术团体积极沟通,利用双方的资源,就双方感兴趣、有着共同认同感的选题策划出版图书。在世界反法西斯战争胜利70周年之际,集团及所属的北方文艺出版社与俄罗斯岛出版社经过密切合作,于2015年8月联合出版了大型中俄双语版图文画册《历史丰碑——纪念中国军民赢得东北抗战胜利暨苏军出兵中国东北70周年图集》。当年9月,在俄罗斯的哈巴罗夫斯克市举行该书的首发式,受到广泛关注,时任中共中央政治局委员、书记处书记、中宣部部长刘奇葆同志亲自为该书首发揭幕。该书的出版得到了国家和省有关部门的高度关注与支持,在2014年年底就被列入国务院新闻办外宣采购类项目,2015年6月被中宣部、国家新闻出版广电总局联合评为纪念中国人民抗日战争暨世界反法西斯战争胜利70周年重点出版物,是国家纪念抗战胜利的百种重点图书之一。

二、输出资本,对外合作开辟新领域

黑龙江出版集团注意发挥地缘优势,按照国家对外文化"走出去"的整体布局安排,在境外建店办社,实现资本"走出去"。"十三五"期间,集团加大对外资金投入,加快实现在韩出版社在韩国的落地和本土化,真正发挥其作用。集团所属黑龙江朝鲜民族出版社在做好版权输出的同时,积极拓展数字出版领域,实现工具书电子版、语言教材电子版和声像版的配套开发,面向海内外开展数字版双语图书网上销售等业务。2017年,该社与韩国最大的互联网服务公司NHN签订了《中韩词典》《韩中词典》(中型)词典有线、无线互联网和移动服务的版权输出合同,实现了数字版权输出。

在对俄文化"走出去"方面,早在2011年,集团就与俄罗斯远东大学乌苏里斯克分校合作,在俄罗斯乌苏里斯克市和中国哈尔滨市互设文化中心。在俄文化中心设立以来,集团已向该中心免费投入千余品种共计万余册图书,内容涉及中文教学、历史、文化、科技、生活等方方面面,供学院学生阅读和学习。同时,乌苏里斯克师范学院为满足教学需求,在文化中心开设了历史教学课程和书法班,融入原汁原味的中华文化元素。2017年8月,集团在俄罗斯远东联邦大学乌苏里斯克分校建立了驻俄罗斯远东地区的第一个汉语教育教学基地,标志着对俄汉语教学的全面展开,《快乐汉语》教材现已辐射到俄罗斯阿尔焦姆、那霍德卡等地区,实现了在俄罗斯远东地区的初步推广和使用。目前,中俄文化中心社会反响日益强烈,得到乌苏里斯克市大中学校师生和市民的广泛关注,每日接待读者近百人,已成为该市了解中国文化的一个重要窗口,在俄罗斯远东地区产生重要影响。下一步,集团还将在汉语教材、教辅开发和汉语教育教学基地建设方面继续深化与俄方合作,并且与俄罗斯电信部门积极协商,争取早日实现中文网络教学全覆盖,借助"互联网+"推进中国语言文化的深入传播。

数字化浪潮来袭为传统出版提供了新的契机,国际出版市场和读者对数字化的中国内容的需求与日俱增。正是瞄准这一点,集团注重发挥地缘优势、资源优势和数字出版技术优势,兼顾传统出版与数字出版,积极推进"俄罗斯全媒体出版公司建设"项目,实现对俄资本"走出去"。积极搭建俄文版数字内容运营平台,促进境外传统出版和新兴媒体融合发展。该项目入选国家新闻出版广电总局新闻出版改革发展项目库,并得到财政部中央文产资金的支持。

三、搭建平台,文化交流探索新途径

"国之交在于民相亲,民相亲在于心相通。"促进民众相知相通,增强民间信任,有赖于不断扩大人文交流。当前出版业"走出去"已不局限于传统的版权输出,"用文化交流引领文化商贸,以文化商贸拓展文化影响"的理念逐渐成为行业共识。集团始终将传播手段建设和创新摆在重要位置,立足主业,创新经营,搭建丰富多彩的国际文化交流平台。

改革创新

黑龙江出版集团与俄罗斯出版社及出版发行机构有着密切的合作,包括俄罗斯环球书店出版公司、俄罗斯岛出版社及俄罗斯联邦远东州图书馆联盟等,坚实的伙伴关系为集团开展图书出版业务和长期战略合作打下了基础。不仅如此,与俄罗斯当地政府、文化和学术机构、社会团体的广泛接触和亲密互动也为集团进一步开拓俄罗斯市场,把更丰富、立体的中国介绍给俄罗斯提供了机会。自2014年起,集团在哈尔滨国际经济贸易洽谈会暨中俄博览会期间举办"中俄精品图书展",邀请俄罗斯的阿穆尔州立图书馆、环球书店出版公司、俄罗斯岛出版社、叶卡捷琳堡的斯克拉特出版社、阿穆尔书展股份有限公司及一些出版发行机构共同展出中国、俄罗斯的精品图书。

如果说版权贸易与合作出版为黑龙江出版集团探索对俄文化交流打开了窗户,那么遍布全省各地的"国门书店"则架起了一座座通向北欧大陆的桥梁。从2013年开始,集团积极实施全省新华书店升级改造工程,利用地缘优势,打造边疆省份特有的"国门书店",并以此为基地积极开展对外文化交流活动,取得了良好的效果。集团致力于建设"边疆文化港口",发挥果戈里书店、齐齐哈尔"鹤之魂"绿色书店、牡丹江书城、普希金书店等"国门书店"的作用,使之成为国际文化交流的重要窗口,并充分利用这些平台推出一系列创新度高、参与度广、趣味性强的文化活动,促进中俄两国人文交流。坐落于哈尔滨百年老街的果戈里书店,以俄国作家果戈里的名字命名,从整体装修风格、饰品元素,到书架及展台、阅读区,浓浓的欧式古典风格呼之欲出,被评为"中国最美书店"。同时,果戈里书店倾力打造了"朗读者计划""书店奇妙夜""艺术工坊""果戈里书店·老电影""公益大讲堂""欧式婚礼""爱乐室内乐团"等60余种优秀品牌活动。每逢节假日,茜茜公主舞台剧、俄罗斯经典芭蕾舞、弦乐四重奏等演出精彩纷呈,使果戈里书店迅速成为黑龙江省对俄文化交流和形象展示的重要窗口。以"中国—俄罗斯"亚欧文化交流为核心内容,果戈里书店在2015年与俄方签订了两国青年阅读联盟协议,与俄罗斯滨海边疆区工会联合会合作成立了"中俄青少年阅读联盟",与俄罗斯远东联邦大学乌苏里斯克国立师范学院联合建立"中俄青少年文化艺术交流基地"，并联合举办了"果戈里作品研讨""中东铁路历史与影像""那条《小路》——苏联歌曲年代的记忆"等中俄青少年文艺展演活动。

除果戈里书店外，其他"国门书店"也颇具特色。牡丹江书城在经营业态上增加俄罗斯元素，开办俄罗斯油画画廊，引进具有俄罗斯文化特色的俄罗斯面包等食品，通过文化包装向国内介绍俄罗斯民族文化。同时，牡丹江书城与俄罗斯远东联邦大学、符拉迪沃斯托克政府部门等合作建立了中俄作家创作交流基地、中俄艺术展演中心、中俄图书信息资源共享中心，深入推进出版传媒、文艺展演、科研学术等多领域交流合作。黑河普希金书店面向本市读者及俄罗斯布拉戈维申斯克市民来黑河旅游与商贸着力打造"中俄文化艺术沙龙"，店内还设有小型舞台，常年组织音乐、舞蹈、绘画、戏剧等方面的中俄文化交流展演活动以及理论研讨沙龙。佳木斯市新华书店与俄罗斯远东最大的城市——哈巴罗夫斯克仅一江之隔，紧抓"俄罗斯远东开发计划""中蒙俄经济走廊黑龙江陆海丝绸之路经济带建设规划"双重机遇，全力推进跨境文化产业建设，营造城市阅读体验空间，搭建大文化传播平台。齐齐哈尔"鹤之魂"绿色书店、"中国林都"中的伊春市新华书店……林立边境的一个个"国门书店"风格各异，逐渐形成融合图书、餐饮、文创、培训、展演、旅游乃至编辑出版等元素的"万花筒式"文化窗口，推进中俄两国文化交流和民间交往，为促进中俄"文化共舞"搭建了更加新颖、多元、开放的平台，也为集团继续推进文化产业多业态发展和转型坚定了信心。

研究建议

关于推动新时代广播电视工作强起来的思考

黑龙江省广播电视局

中国特色社会主义进入新时代,党和国家的各项事业发展迈向新征程,宣传思想工作进入了守正创新"强起来"的新阶段。广播电视工作"强起来"既面临重大挑战,也迎来宝贵机遇,必须以习近平总书记关于宣传思想工作的重要思想作为根本指南,深刻理解和掌握重要思想的科学内涵和核心要义,在学懂弄通做实上下功夫。结合广播电视工作实际,全面分析面临的机遇和挑战,进一步解放思想、守正创新、奋发有为,努力推动广播电视工作高质量发展,更好地服从服务于党和国家工作大局。

一、新时代广播电视主流媒体发展面临的挑战和机遇

(一)挑战

1. 新技术新媒体新业态的影响加剧。当代科技的加速发展,推动传统媒体加速进入以"数与网"为特征的互联网时代。同时,伴随着信息社会不断发展,新兴媒体影响越来越大。我国网民达到 8.02 亿,其中手机网民占 98.3%。新闻客户端和各类社交媒体成为很多干部群众特别是年轻人的第一信息源,而且每个人都可能成为信息源,长期以来形成的"我播你看"、受众被动接收的传播方式面临巨大挑战。微电影、手机短剧等"碎片化"节目或"微"节目正逐步成为主流,传统广播电视用户资源面临分流。用户通过新型终端几乎不受时空限制地自主选择听广播、看

电视、浏览音频视频网站,也不受地域限制来听看本地节目或是外地节目。新媒体的"点对点"服务更符合受众特别是青少年的视听喜好。视听习惯的改变,电脑和智能手机的普及,使广播电视的使用率急剧下降,家庭电视的开机率下滑到40%左右。上述因素必将带来传统广播电视新闻舆论传播力和影响力的下降。

2. 节目传输能力与人民群众对广播电视节目多样性、互动性、高质量的要求矛盾显现。我国现有6 000多座无线广播电视发射台站,逐步实现了模拟信号到数字信号的升级改造,但主要功能还只限于转播发射广播电视信号,而且传输频率频道数量有限,没有很好地发挥出便捷、经济、多信号传送的承载功能。部分地区的有线广播电视在数字化、双向化改造上取得了积极成效,但大多地方的有线广播电视网络还存在布局分散、服务单一、互动不够、新业态不多等问题。虽然客厅端大屏已经进入了千家万户,但还无法满足用户的多重需求。"三网融合"还没有完全实现,一些家庭电视网、电信网还在同时并用,房间内多处穿线的现象时有发生,服务质量和水平有待提升。

3. 行业发展不充分不平衡,总体实力不强,生存发展矛盾突出。广播电视机构的实力分化严重,强的更强,弱的更弱,发展差距在快速拉大。特别是市县一级的广播电视台,投入少、人才缺、节目制作能力弱,为了经济效益违规播出和经营的现象时有发生。许多县级广播电视台每天自制节目只有十几分钟的本地新闻,其他时段东拼西凑,甚至播出侵犯著作权的节目。经营不善、广告锐减、成本增加、受众规模不断缩小、市场份额逐渐下降等因素叠加,使广播电视台的运行举步维艰,营收放缓直至出现下行趋势。据统计,全国有41%的广播电视机构经营陷入困境,生存发展面临巨大压力。民营传媒机构起步较晚、发展不快且大多规模较小。行业发展的总体质量不高,产业发展仍存在总量小、速度慢、效益差、结构不优的问题。

4. 行业领军人才、拔尖人才、创意人才匮乏,人才外流和知识更新较慢的问题亟待解决。人才问题在广播电视行业激烈竞争和与新媒体加快融合中的短板日益显现,广播电视对人才的吸引力下降。特别是一些经济欠发达的地方人才外流严重,基层广播电视部门更是人才紧缺。不仅是优秀主持人、编辑记者力量不足,创意制作人才短缺,有些高山发射台站的技术人员也开始跳槽。部分广播电视机构用人机制不活,待遇偏低,缺乏培育和引进人才的有效措施。部分现有人员知识更新慢,专业素质和能力不能适应快速发展的需要。

5. 体制机制改革相对滞后,活力不足、条块分割。长期的行政事业一体、局台合一,导致管办不分、管理不畅、各自为政。"四级办台"重复建设,导致广播电视台数量多、小散弱,布局不合理,发展不平衡。除了中央台的节目、各省的上星台可以覆盖全国外,省市县级的电台、电视台大多只覆盖于本行政区域,传播面窄、受众少,形成很多资源浪费。电台、电视台内部结构不够合理,体制机制不够灵活,难以进一步做大做强。尤其是一些改革进展较慢的广播电视台,在机构设置、经费分配等方面仍保留了传统模式,在市场竞争中处于劣势。

6. 对网络视听节目的监管难度增大。互联网、智能手机成为网络视听节目的重要传播渠道,如何加强对其进行内容监管是广播电视行政部门面临的全新课题。从技术监管上看,自动筛选、预警手段还跟不上,对于新型媒体点对点、点对多、流动性、隐蔽性的传输方式还不能做到生产全过程、播出全天候的自动监控,内容安全、播出安全面临较大隐患。从依法行政上来看,执法力量不足,法律法规的制订和修改亟待加强。随着县级融媒体中心的建设和发展,网络视听节目服务机构的准入和监管问题都迫切地摆在面前。

(二)机遇

1. 党加强对广播电视工作的全面领导,全社会的大力支持,是广播电视加快发展的根本保证。党中央高度重视宣传思想工作,习近平总书记亲自谋划、亲自指导、亲自推动,并多次做出重要指示。各级党委政府把主流媒体脱困解困作为重点改革任务加以推进。有关部门相继出台的政策措施提供了政策保障。综合国力的日益强大和经济社会稳中求进、稳中向好为广电事业发展提供了坚实的物质基础。人民群众对美好生活的向往和期待为广播电视行业高质量发展拓展了创新领域。中华民族伟大复兴中国梦的伟大实践,为广播电视行业提供了发展的广阔空间。

2. 广播电视内容、技术、服务能力方面的优势,是主流媒体发挥"压舱石""稳定器"作用的重要条件。承担权威信息的发布,使它具有强大公信力。拥有内容生产实力,创作能力突出,广电网络绿色安全、可管可控的优势不可替代。高素质的人才资源、家喻户晓的品牌资源、长期积累的节目资源都为加快发展打下坚实基础。加之,传统广播电视尚处在盈利期,整体数字化转换基本完成后,对新技术消化应用能力提升,为实现转型发展创造了良好条件。

3. 知重负重,因势而谋,应势而动,顺势而为,焕发了广播电视高质量发展的生机活力。当前,广播正在向数字广播、网络广播、多媒体广播方向发展;电视正在向高清电视、超高清电视、网络电视、移动电视、智能电视方向发展;直播卫星、有线网络、地面无线等传输覆盖体系基本实现数字化;有线网络正在向数字化、双向化、智能化、多功能化、全业务化方向发展;各类视听新媒体终端即将实现全面数字化和智能化。传统主流媒体一旦插上科技的翅膀,从有线拓展到无线,从地面扩展到空中,从单一传输到多向互联,必将迎来主流媒体数字化、交互化、信息化的升级转型,实现无处不在、无时不在的全程媒体、全息媒体、全员媒体、全效媒体。从国外传媒机构全媒体发展进程来看,互联网的勃兴不但没有"消灭广播电视",还为传统广播电视的创新拓展提供了新的增长路径及空间。

在机遇和挑战面前,要充分认识广播电视传媒的发展规律,积极探索新形势下有效发挥广播电视功能的方式方法、载体手段,运用新技术新应用创新传播方式,实现战略转型,切实增强宣传群众、教育群众、凝聚群众的能力,努力做好党的喉舌。

二、广播电视工作强起来的实现路径

"强起来",是新时代广播电视工作的主题和标志性要求,重在落实。现在广播电视工作从过去单一管理广播电视系统内部拓展到强化广播电视和网络视听节目两大平台建设,从以往更加注重播出机构管理拓展到播出机构、制作机构、传输机构和网络视听节目服务机构管理全覆盖,实现了从管脚下到管行业、管社会的重大转变。必须按照中央要求,聚焦广播电视阵地管理和行业管理,聚焦广播电视高质量发展和创新性发展,以更好地满足新时代人民群众精神文化生活新期待,更好地服务党和国家工作大局为主线,改革再深入、实践再出发、工作再落实。

(一)要更加注重主流媒体建设

习近平总书记强调,要着力打造一批形态多样、手段先进、具有竞争力的新型主流媒体。广播电视主流媒体担当着新闻宣传的主责主业,必须要履行好新闻舆论工作的职责使命,旗帜鲜明讲政治,坚持党的领导,坚持政治家办台办网,把党的领导落实到广电工作的各个方面。要继续解放思想、深化改革,贯彻落实新发展理念,积极应对新媒体的激烈竞争,主动求新求变,不断破除思想观念束缚、体制机制弊端和利益固化藩篱,释放发展潜力,增强创新活力。要坚持社会效益优先原则,在任何时候任何情况下都不能以牺牲社会效益为代价来追求经济效益,充分彰显主流媒体的社会担当和责任担当。

(二)要增强阵地意识

互联网给我们带来广阔的传播空间,从桌面互联到移动互联,从个性新闻到社交网络,阵地意识就是适应人民需求、适合时代发展需要的时代课题。年轻人在哪里,新媒体的未来就在哪里;人群聚集在网络里,阵地保卫战就应及时延伸到网络里。因此,传统广播电视要加快推进转型发展,与新媒体加快融合、优势互补,在巩固原有阵地基础上发挥自身优势,构建媒体矩阵,占领网络新空间。

(三)要更加注重意识形态管理

习近平总书记强调,要牢牢把握意识形态工作领导权,层层传导压力,压紧压实责任,做到任务落实不马虎、阵地管理不懈怠、责任追究不含糊。广播电视和网络视听节目是意识形态工作的前沿阵地,必须把意识形态安全作为底线和生命线,层层落实、压紧压实全行业各级党组织的意识形态工作责任,建立科学规范的工作措施和流程,及时有效地防控和处置意识形态风险。要完善齐抓共管的工作格局,加强对各类意识形态阵地的管理,做到守土有责、守土尽责、守土负责,共同守住守好意识形态阵地,着力建设具有强大凝聚力和引领力的社会主义意识形态。

(四)要更加注重加强内容生产

习近平总书记强调,要把创作生产优秀作品作为中心环节,努力创作生产传播当代中国价值观念、体现中华文化精神、反映中国人审美追求,思想性、艺术性、观赏性有机统一的优秀作品。要科学把握不同群体的思想实际、生活状况、接受习惯、文化需求,更加精准、更加有效地提供广播电视的供给和服务。要强化时代担当,不断推出讴歌党、讴歌祖国、讴歌人民、讴歌英雄的广播电视和网络视听节目精品力作。要坚持以人民为中心的创作导向,把镜头和话筒更多地对准改革开放实践、火热现实生活和广大人民群众,坚持为人民创作,以人民为主角,努力提供高质量的精神文化食粮。要强化精品意识,抓好精品生产,巩固高原,拓展高峰,既注重数量增长,更注重质量提高,在思想精深、艺术精湛、制作精良上下功夫,努力推出更多打动人心的电视剧、动画片和纪录片等好节目。

(五)要更加注重智慧广电发展

习近平总书记强调,要勇于创新、勇于变革,利用互联网的特点和优势,推进理念、内容、手段、体制机制等全方位创新。智慧广电是广播电视继数字化、网络化之后的又一轮重大技术革新与转型升级,以大数据、云计算等数字信息技术为支撑,通过实现广播电视智慧化生产、传播、服务和管理,着力提供无所不在、无时不在的高质量广播电视服务。加快推进智慧广电建设势在必行、意义重大,必须高度重视、积极作为,结合本地实际,加大推进力度,加快工作进度,在打造智慧广电媒体、发展智慧广电网络、培育智慧广电业态和加强智慧广电监管等方面持续发力,引领行业快速发展、全面升级。

研究建议

（六）要更加注重媒体融合发展

媒体融合是党中央交给宣传战线的重要任务，是广播电视发展的大趋势，是一场意义深远的媒体革命。广播电视传统媒体要深刻认识推动媒体融合发展的重要性和紧迫性，把媒体融合、一体发展作为一项重大战略任务强力推进，从以前与互联网和新媒体的割裂、分离状态中走出来，向互动、整合、融合迈进，适应变革，引领变革，尽快从相"加"阶段迈向相"融"阶段，进而变成"你就是我，我就是你"，把握转型发展的重大机遇，担当起时代发展赋予的新使命。

（七）要更加注重公共服务提质增效

习近平总书记指出，要推动公共文化服务标准化、均等化，坚持政府主导、社会参与、重心下移、共建共享，完善公共文化服务体系，提高基本公共文化服务的覆盖面和适用性。广播电视部门要以充分维护和保障广大人民群众的收听收看权益为出发点和落脚点，以边远地区和贫困地区为重点，着力"补短板、强弱项、提质量"，不断巩固和扩大广播电视节目无线数字化覆盖范围，不断提升广播电视信号覆盖水平，不断丰富广播电视内容产品供给，让广大人民群众享受到更高水平、更高层次、更高质量的广播电视公共服务。

（八）要更加注重干部和人才队伍建设

习近平总书记提出了新时代宣传思想战线干部和人才队伍建设的总要求。广播电视部门要牢牢坚持党的领导，以党的政治建设为统领，牢固树立"四个意识"，增强"四个自信"，做到"两个维护"。牢牢把握正确政治方向，教育引导广大干部和从业人员听党话、跟党走，不断增强脚力、眼力、脑力、笔力，不断掌握新知识、熟悉新领域、开拓新视野、增强新本领，打造一支政治过硬、本领高强、求实创新、能打胜仗的广播电视工作队伍。

总之，广播电视行政管理部门要勇于面对媒体格局发生的新变化、意识形态领域的新态势和信息化发展的新挑战，牢牢把握我国经济社会发展的阶段性特征,牢牢把握人民群众对美好生活的新向往,以"强起来"为出发点和落脚点,力戒形式主义和官僚主义,不忘初心、牢记使命,干在实处、走在前列,推动广播电视工作高质量、强起来,为党和国家工作大局做出新的贡献。

关于新媒体时代黑龙江省舆情信息工作创新发展的路径研究

黑龙江省社会科学院

新媒体时代下,黑龙江省舆情信息工作紧跟时代发展。首先,管理内容不断扩展,实现了省、市、网站三级全天监管、监测,多次及时控制了舆情事件影响的扩大。其次,管理机制不断完善,建立了从线上到线下、从省内到省外、从省级到各地市"多位一体"的舆情管控机制。再次,管理方法不断创新,充分利用传统媒体、短信、"两微一端"以及新媒体平台等宣传手段,多次打赢"网络舆情反转战役",基本形成了有效管理、有效控制网络舆情的工作局面。但不可否认的是,随着新媒体的快速发展,许多新情况不断出现,为黑龙江省舆情信息工作提出了新的挑战。在这种情况下,其他省市舆情信息工作的经验可以为我省提供一些启示和借鉴,而转变工作思路、创新工作方式方法则成为我省舆情信息工作的必然选择。

一、新媒体时代下黑龙江省舆情信息工作的新挑战

1. 舆情危机治理原则认识失当,信息研判能力受到挑战。一些基层干部为了维护地方利益,对舆情危机产生了负面认识,将群众的舆论监督看作是对政府工作"抹黑、添乱",割断了干群关系,不利于践行群众路线。从此认识出发,这些都对舆情部门信息的收集、研究、判断加大了难度,甚至可能出现由于沟通不畅产生的偏颇。而许多舆情事件背后,都有一系列问题相关联,因此,信息研判工作急需新的管理手段和工作方法。

2. 舆情危机扩散规律把握不力，引导参与能力受到挑战。一是新媒体信息存在"乱、虚、俗、侵"的问题，公众对海量信息难以判断虚实，以讹传讹的现象屡见不鲜，甚至还有一部分群体恶意中伤造谣，严重影响政府公信力，这就需要政府积极引导、参与舆论走向；二是网络信息无界化加大了舆情危机的把握难度，目前舆情信息工作仍然实现属地化管理，但是一些别有用心者利用省外网站、甚至境外网站造谣、抹黑，加大了舆情信息管理难度，难以凭一己之力控制、引导舆情走向。

3. 舆情信息工作机制调节失灵，应急处理能力受到挑战。一是舆情危机治理的预警时间非常短，对网络舆情监控、预测、分析与研判的时间缩短；二是舆情热点反复、重叠出现，甚至难以使用搜索工具查到；三是处置权上交，舆情部门只能监测舆情，处理舆情则需要层层上报，其中又涉及多个部门。多部门介入互联网管理，易形成多头管理、互相推诿、分工粗疏、责任模糊的局面。

二、新媒体时代下其他省市舆情信息工作经验

1. 改变工作思路，服务于民，优化网络氛围。一是变信息封锁为主动公开，树立正确的政府信息公开理念，实现透明治理。二是各级领导积极参与，从行政管理的角度，利用好互联网资源。湖南省怀化市、永州市先后实行主要领导认领留言管理权限，督促领导干部与网民互动，直接处理网络舆情。2012年，湖南省永州市11个县（市）区党政一把手的留言管理权限有了专人对接，网民可以通过平台与永州市各县（市）区党政一把手一对一、零距离对话。有的干部实名与网友互动，有的干部委派专人负责收集、回复留言，有的干部将有价值的信息直接交办到相关部门处理，这些做法大大拉近了干部与群众的距离，服务于民、取信于民。

2. 创新工作方法，借助媒体引导舆论走向。一是打造官方媒体发布信息，抢抓舆论导向。2016年，由上海市互联网信息办公室与"解放日报·上海观察"联合打造的上海网络辟谣平台上线，第一时间发布最新辟谣信息，平台还提供相关法律法规查询、辟谣百科搜索，充分体现了新闻性与服务性的结合。二是推进与新媒体的合作，借助新媒体发声，扩大舆论引导能力。上海市以"两条腿走路"的思路主动寻求与新媒体的融合,一方面,推动传统主流媒体改革,脱胎换骨,成为新型主流媒体;另一方面,布局一批有特色、有影响的新型主流媒体。先后打造了"今日东方""澎湃新闻"等一系列平台级产品,并继续推出分别以外国人、"90后"年轻群体等为受众的新媒体品牌,依靠与新媒体的融合发展,扩大政府对舆论的引导能力。

3. 完善工作机制,整合力量严控舆情危机。一是完善规章制度,将网络舆情工作制度化。湖南省永州市江永县根据自身情况,出台了《江永县网络舆情应对考核办法》,将网络问政工作列入单位年终考核内容,做到网络问政工作与部门其他工作同部署、同考核,从制度上提高了各级领导干部对网络舆情工作的重视程度,确保了舆情工作开展的可持续化和制度化。武汉市及下辖13个区都成立了专门的舆情信息工作部门,每个区也构建了区、街、社区三级舆情信息收集网络,形成了从市到街道社区的纵向舆情信息工作体系。二是打造舆情处理平台,建立健全应急机制。2014年,永州市委宣传部下发了《永州市网民留言办理工作暂行办法》,对网民留言的收集、报送、转办和回复的责任单位、责任人员、时间要求、办理流程和要求,以及各级部门(单位)网民留言办理的考核工作进行了全面规范,进一步推动永州市网上信息办理工作规范化、常态化。联合相关部门,变"单打独斗"为"组团作战",永州市委印发《关于坚决依法打击网络谣言的意见》,推广打击网络谣言的经验,召开专题会议,建立了网络谣言的联动治理机制,对网络谣言坚持做到了发现一起,打击查处一起。

三、新媒体时代下对黑龙江省舆情信息工作的对策建议

1. 坚持原则转换思路,主动出击治理舆情危机。一是面对负面言论,提高认识,主动承担责任。各地党委、政府要充分认识到"正确的舆论监督也是主旋律",把舆情工作作为践行"群众路线"的有效渠道,提高与媒体、与公众的沟通能力,化"堵"为"疏",取信于民。二是面对公众,放低姿态主动对话沟通。善于挖掘信息,推动舆情信息网向街道、社区延

伸，注重选拔民间信息员，通过舆情信息直报等渠道第一时间了解民众诉求；坚持"以人为本"，放低姿态主动沟通，维护政府公信力，重塑政府形象。三是面对媒体，把握时机主动公开信息。一方面，可以借助媒体从侧面公布决策意图，为下一步决策部署提供舆论先导；另一方面，通过细致的分析研判，巧用设置舆论议题，准确传达政府部门的意图，争取民众的理解和支持。四是面对舆论，联合各界主动引领导向。发挥主流网站的引导作用，落实网站负责人责任制；争取、培养一些论坛管理员，达到引导、控制网络舆情的作用；充分发挥网络评论员、"意见领袖"的作用。

2. 把握规律深化认识，探索不同时期舆情治理手段。一是潜伏期收集信息做好预防预警工作。通过技术手段对影响力强的网站、论坛等平台进行重点监控，及时发现问题；同时，采取培育基层舆情专报员等策略，收集舆情信息。二是突发期联合部门提高应对反应能力。一方面，加强部门间联动，及时共享重要舆情；另一方面，同教育厅、公安厅、文化厅等与舆情工作联系密切的部门合力建立有效的应急机制，保证关键时刻能够在最短的时间迅速控制舆情走向及相关的群体性事件。三是持续期借助外脑加强舆情分析研判。完善信息研判机制，借助社科院、高校等科研机构建立舆情分析研判专家库。四是淡化期抓住关键坚持跟踪反馈信息。在舆情事件发生以后，对事件、当事人、主要参与人等多种因素进行后续的关注和引导，防止事件及类似事件再度发酵。

3. 优化机制探索出路，完善各个阶段舆情工作。一是优化组织保障机制，建立多元化舆情收集平台。首先，应对工作需要，选拔、培养一批具有舆情信息工作素养的人员；其次，指定部门牵头，定期组织新闻媒体和互联网新闻中心等媒体单位召开舆情汇报商讨会，构建舆情信息收集共享平台；再次，发挥社区、企事业单位、学校、社会组织的基层作用，发挥老干部、老党员、社区工作者的作用，聘请他们担任舆论监督员，实时关注舆情动向。二是优化研判预警机制，建立立体化舆情分析平台。对舆情信息进行横纵向划分，建立不同等级、不同重要程度的立体化舆情数据库。横向划分是将网络舆情划分为综合类和专项类，综合类包括对于国家和我省的政治、经济、社会稳定性的综合评价，专项类则是对于某一个或一系列具体的网络舆情事件的评价;纵向划分是对预警等级进行划分,针对舆情类型和影响程度的大小对预警评估等级进行划分,比如常态型舆情预警评估、敏感型舆情预警评估、纠错型舆情预警评估、重大型舆情预警评估等,对不同的评估等级提供相应的技术和人力支持,以及进行不同的控制引导,可设立关注、密切关注、引导、控制、严格控制等五个等级的管理。三是优化控制引导机制,建立规范化舆情管控平台。一方面,要放宽管制,在加强立法的同时,通过市场调节和行业自律进行网络管理;另一方面,在涉及政治文化、意识形态、民族宗教等问题上,通过刚性措施加强约束力。四是优化跟踪反馈机制,建立长效化舆情追踪平台。做好跟踪反馈工作,一方面,对舆情事件的关键人物进行跟踪观察,避免再次引发相关事件;另一方面,对舆情事件的结果进行跟踪观察,彻底评估其影响范围和持续时间。最后将反馈结果形成书面报告,建立数据案例库,为以后舆情工作积累经验。

关于黑龙江省社会科学普及
基地建设的问题研究

黑龙江省社会科学界联合会

按照《省社科联关于开展"不忘初心、牢记使命"主题教育的实施方案》要求,结合宣传系统"强四力　补短板　促发展"大调研活动,围绕贯彻落实党中央决策部署和习近平总书记重要指示批示精神,围绕解放思想推动高质量发展,围绕社科事业发展面临的突出问题和社科专家学者反映的问题,立足社科联工作实际,根据所分管的工作内容,带领科普部开展了"我省社会科学普及基地建设问题研究"课题调研。6—7月,课题组成员赴齐齐哈尔、大庆、哈尔滨、牡丹江、内蒙古进行5次省内外实地考察,调研17家单位,征求意见建议42条。通过实地走访、座谈交流、查阅资料、电话咨询、征求意见等形式,对黑龙江省社会科学普及基地运行现状和存在的问题、先进省份科普基地和其他类别科普基地建设经验进行了专题调查研究,提出了加强黑龙江省社会科学普及基地建设的对策与建议。

一、黑龙江省社会科学普及基地发展现状与特点

(一)黑龙江省社会科学普及基地建设概况

黑龙江省设立的省级社会科学普及基地是指依托黑龙江省高校、科研院所、公共文化事业单位等建立并自主运作的以社会科学普及为重要

任务、科普绩效显著、有较强带动辐射作用的机构。

　　黑龙江省社科联于2011年启动社会科学普及基地创建工作,于2012、2015、2018年与中共黑龙江省委宣传部共同命名认定三批次共计24家社会科学普及基地。2019年,已启动了第四批社会科学普及基地征集工作,组织专家对符合条件的部分申报单位进行了考查评估。在24家科普基地中,中国博物馆协会认定等级较高的有9家,囊括了黑龙江省全部一级博物馆5家:黑龙江省博物馆、东北烈士纪念馆、大庆铁人王进喜纪念馆、瑷珲历史陈列馆、大庆市博物馆。二级博物馆3家:齐齐哈尔市博物馆、侵华日军第七三一部队罪证陈列馆、黑龙江流域博物馆。三级博物馆1家:黑河知青博物馆。此外,黑龙江省图书馆、哈尔滨市城乡规划馆2家基地规模大,服务能力强;哈尔滨工业大学博物馆、哈军工纪念馆、黑龙江大学博物馆、哈尔滨商业大学商业文化馆、中国(哈尔滨)森林博物馆5家基地依托高校,服务社会能力较强。

　　在24家科普基地中,哈尔滨市有15家(占了半数以上),大庆市有2家,黑河市有2家,齐齐哈尔市、伊春市、佳木斯市、鹤岗市、鸡西市各有1家。绥化市、大兴安岭地区、七台河市、双鸭山市、牡丹江市5个市地尚未建立科普基地。

　　在24家科普基地中,有4种性质的机构。政府公共文化服务机构11家:黑龙江省图书馆、黑龙江省博物馆、哈尔滨市图书馆、齐齐哈尔市博物馆、侵华日军第七三一部队罪证陈列馆、黑龙江流域博物馆、东北烈士纪念馆、大庆市博物馆、黑河知青博物馆、瑷珲历史陈列馆、中东铁路印象馆。高校附设机构7家:哈尔滨商业大学商业文化馆、黑龙江中医药大学中医药博物馆、黑龙江大学博物馆、佳木斯大学赫哲族历史文化陈列馆、中国(哈尔滨)森林博物馆、哈尔滨工业大学博物馆、哈军工纪念馆。民办文博机构3家:哈尔滨三五非物质文化遗产博览馆、鸡西市东北民俗博物馆、黑龙江浩源地方文献博物馆。行业附设机构3家:大庆铁人王进喜纪念馆、伊春市马永顺纪念馆、哈尔滨城乡规划展览馆。

(二)黑龙江省社会科学普及基地的发展特点

1. 基地建设起步较早,起点较高。2011年,省社科联经过调研论证,制定了《关于创建黑龙江省社会科学普及基地的实施方案(试行)》,正式筹备创建社会科学普及基地。2012年2月,黑龙江省创建首批基地颇受瞩目。此后,基地建设逐渐成为全国社会科学普及工作的一项内容。省社科联多次请示汇报基地筹建工作,得到中共黑龙江省委宣传部的高度重视和支持,决定与省社科联共同命名认定。同期,全国仅有黑龙江省和四川省由省委宣传部和省社科联共同建设社会科学普及基地。2018年,《中共黑龙江省委关于加快构建中国特色哲学社会科学的实施意见》明确提出"建设和管理好社会科学普及基地,发挥示范效应"。

2. 基地整体实力较强,发挥作用较好。社会科学普及基地由省社科联组织申报审核,严格把关,优中选优,控制数量,保证质量。三批次基地申报和认定比约为3∶2,淘汰率相对较高。24家科普基地囊括了黑龙江省全部一级博物馆(5家)。科普基地类型丰富,覆盖面广,涉及领域较多。这些基地,均已实现对社会公众免费开放。社会科学普及基地积极开展宣传普及活动,仅在近两届社会科学普及月中就组织专题活动97项,发挥了示范效应。截至目前,已有8家基地获"全国优秀社科普及基地"称号。

3. 对基地建设的指导与服务逐步完善。从2011年创办基地之初,省社科联就多方筹措专项经费,每年积极申请黑龙江省文化事业建设费直至成功立项,此后社会科学普及基地建设专项经费从无到有,经费投入由少到多。近两年,省社科联在科普经费盘子不大的情况下,还在加大对基地的经费支持和投入力度,2017年按项目拨款6.5万元,2018年按项目拨款11.3万元。对社会科学普及基地建设的管理和服务力度在加大,进一步规范化和制度化。省社科联还强化了科普基地建设前期规划设计,调研了哈尔滨、牡丹江、鸡西等地红色文化资源,考察相关场馆,加强红色文化宣传阵地纳入全省社会科学普及基地建设。在第四批基地征集中,向革命历史类纪念设施、遗址和爱国主义教育基地倾斜,迎接新中国成立70周年。2019年,积极推介科普基地活动,黑河知青博物馆"中国知青与共和国同命运——全国巡展哈尔滨展"、黑龙江省浩源地方文献博物馆"丁香筑梦·与共和国同行"——庆祝中华人民共和国成立70周年图片回顾展获得"学习强国"黑龙江平台的报道。

二、黑龙江省社会科学普及基地建设中存在的问题

（一）活动经费短缺和专职工作人员不足

调查发现，除个别基地外（如大庆铁人王进喜纪念馆全口径经费2 400多万元），大部分基地的经费不足。黑龙江省图书馆相对于我省其他科普基地经费投入较大，然而在全国省级公共图书馆中财政预算排名第25位（仅高于贵州、西藏、青海、宁夏等省、自治区），其中，专项购书经费八年未变。哈尔滨商业大学商业文化馆、佳木斯大学赫哲族历史文化陈列馆等高校博物馆的发展尤其受经费和人员的双重掣肘。

（二）基地发展水平和区域分布不平衡

黑龙江省基地建设发展很不均衡，省会城市哈尔滨市有15家基地，超过基地总数1/2，尚有5个市地的省级科普基地建设为空白。省会城市是政治、经济、文化中心，拥有综合性大学、博物馆、图书馆等大部分资源，有相对完善的组织机构和完备的基础设施，科普基地的作用发挥较好。而基层由于资源缺乏、经费不足、基础设施较差、科普基地建设难，建设之后很难发挥作用。

（三）基地管理制度有待完善与落实

科普基地工作要有序运行、健康发展，必须依靠制度、加强管理，建立正常有序的运行机制。黑龙江省虽出台了《黑龙江省社会科学普及基地管理办法（试行）》，规定了科普基地的科普任务和运行管理，但随着社会科学事业的发展，一些条款已经满足不了形势的需求，应该进行修改完善。在政策的具体落实上也还不够，部分基地还存在没有专职人员负责科普工作的情况，"重挂牌、轻建设"，相关设施和制度配套建设滞后。

三、加强黑龙江省社会科学普及基地建设的对策与建议

（一）扩大科普基地建设规模和覆盖面

我国是哲学社会科学大国，我省是人文社科资源丰富的省份。为整合盘活更多资源，满足人民群众日益增长的精神文化需求，建议在目前命名认定的规模数量基础上，每批次递增30%。重点发掘社会科学资源，发掘历史文化、革命文化、地域文化，整合各地博物馆、高校博物馆、行业（领域）博物馆资源。据中国博物馆协会统计，截止到2016年年底，黑龙江有博物馆208家，数量在全国各省市自治区中排第十位。仅此一项，就是科普基地建设可挖掘的富矿。

（二）建立省市共建科普基地模式

以推进社科联系统改革为契机，推动市地级科普基地建设，拓展市地科普工作平台。由市地社科联推荐申报成功的省级科普基地同时设为市地级科普基地，由省市社科联共建共管。省社科联加大经费投入、业务指导和日常管理力度，市地社科联加强对属地科普基地的联系和服务。科普基地应当积极参加省社科联和当地社科联组织的科普活动，承担科普任务，汇报科普工作。

（三）探索科普基地新形态

探索发展新的科普基地形式，突破目前仅挂牌单一实体机构的局限。引入研学研修基地，如牡丹江师范学院中国抗联研究中心、大庆师范学院大庆精神科普研修基地等教学、科研和科普整合的形式。突破科普基地仅限于文化事业单位的局限，向社会效益显著的文化创意产业机构开放。如齐齐哈尔市科普基地——市读书会依托樊登读书、凯叔讲故事等品牌积极开展公益科普活动，取得良好成效，正在积极申报省级社会科学普及基地。

（四）建立评优和退出机制

随着科普基地建设的规模与覆盖面不断扩大，对科普基地的运行情况进行动态监管与评估必须提上工作日程。应建立周期性的考评机制，每两年组织专家对全省社会科学普及基地进行综合评估，对运行良好、发挥作用积极的优秀基地给予更多的支持与倾斜，并推荐评选全国优秀社会科学普及基地，对运行不良、作用发挥不积极的基地进行摘牌处理。

关于国有演艺企业发展中政府杠杆及引导作用的探究

黑龙江省演艺集团

按照中共黑龙江省委宣传部《2020年全省宣传思想战线调研工作方案》的通知要求和统一部署,黑龙江省演艺集团组成专班,就"国有演艺企业发展中政府的杠杆及引导作用"课题进行了专题研究。黑龙江省演艺集团在前期先后赴河北省、山西省、广东省、江苏省、湖北省和陕西省等地考察基础上,借鉴各省主管部门和本级财政等职能部门在国有文艺院团转企改制中宏观管理、人员安置和财税支持等方面的具体举措和实际效果,结合我省文化体制改革遇到的难点和干部职工普遍关心的热点问题,对比分析,归纳提炼,着力侧重基础性、应用性和对策性,形成了调研情况报告。

一、实施顶层设计战略,一步到位构建企业的市场主体

依据《国务院办公厅关于印发文化体制改革中经营性文化事业单位转制为企业和支持文化企业发展两个规定的通知》(国办发〔2008〕114号文)、《中共中央宣传部、文化部关于深化国有文艺演出院团体制改革的若干意见》(文政法发〔2009〕25号文)和《中共中央宣传部、文化部关于加快国有文艺院团体制改革的通知》(文政法发〔2011〕22号文)等政策规定,调研各地均按照中央关于深化文化体制改革的统一部署,全面、平稳地进行了省级国有文艺院团转企改制和公司化改造工作,呈现了管

研究建议

理体制顺畅、治理结构齐备、人员安置合理的较好局面。

(一)清晰顺畅的管理体制为改革打下坚实的基础

在管理体制上,六省除广东星海演艺集团属事业单位,仍为省文化厅直属外,其他五省已转制企业均归省委宣传部管理。其中,河北省演艺集团2013年1月正式挂牌,下辖河北梆子剧院、河北省歌舞剧院等8家转制单位,集团归中共河北省委宣传部管理。山西省演艺集团2011年4月完成工商注册,下辖晋剧院、歌舞剧院等6个文艺院团和演出公司、艺术交流中心等5个产业延伸子公司。其中,晋剧院保留事业体制,其他院团转制为文化企业,集团归中共山西省委宣传部管理。江苏省作为文化体制改革试点省份改革较早,成立了全国第一家省级演艺集团。其改革分两个阶段:第一阶段(2001—2004年)推动政事分开、管办分离,成立江苏省演艺集团和省艺术剧院,下辖京剧院、昆剧院、锡剧团、扬剧团等六大国有院团,当时是企业、事业两块牌子、一套班子。第二阶段(2004年至今)江苏省演艺集团彻底实现转企改制,完成公司制改造,主管部门为中共江苏省委宣传部。湖北省演艺集团2011年8月7日正式成立,下辖湖北省歌舞剧院、长江人民艺术剧院等8家子公司,隶属于中共湖北省委宣传部。陕西省演艺集团2009年10月成立,拥有陕西省歌舞剧院等9家子公司,先后隶属于陕西省财政厅、陕西省国资委,自2017年7月起由中共陕西省委宣传部履行省属文化企业出资人职责。

(二)完善齐备的治理结构为企业搭建良好的架构

全国各文艺院团转企改制之后,纷纷以建立富有文化特色的现代企业制度为改制重点,健全法人治理结构,完善决策机构、执行机构和监督机构。调研了解到,六个省的演艺集团除广东星海演艺集团为国有公益一类事业单位外,都组建了党委会、董事会和经营管理层,实现了党委和管理层的交叉任职。但监事会(多数以上级派驻为主)、艺委会以及工会等群团组织情况不一,有的成立了,有的没有成立。其中,江苏、湖北两地演艺集团参比正厅级任命干部,其他三省参比副厅级。江苏省演艺集团设党委会、经营班子,没有董事会,监事会由中共江苏省委宣传部和省财政厅联合派驻。集团班子7人,其中正职2人、副职5人,全部为省管干部。集团总部共有办公室等6个职能部室和资产管理中心等6个管理中心。总部人员103人,管理11个艺术剧种、10个所属院团,集团不设二级法人单位,人、财、物等统一由集团管控。湖北省演艺集团班子目前7人,全部为省管干部,由湖北省委组织部考核任命。其中,党委书记兼董事长1人、总经理1人、党委副书记1人、纪委书记1人、副总经理3人。班子成员全部纳入事业身份管理,包括集团组建后调入的2名班子成员。集团总部设艺术生产部、项目发展部等6个部室,共30人。河北省演艺集团设有党委会、董事会和经营管理班子。班子目前7人,其中省管干部3人,党委书记、董事长、总经理分设;副职4人中,设副总2人、纪委书记1人、工会主席1人。集团3名主要领导由省委组织部考核任命,集团副职由中共河北省委宣传部会同省委组织部考核,由省委宣传部任命,集团子公司领导和中层干部由集团党委任命,报省文化厅批复和省委宣传部备案。集团总部设置5个职能部门,工作人员目前有10人。山西省演艺集团设有党委会、董事会和经营管理班子,没有监事会。班子职数7人,其中省管干部2人,党委书记、董事长由1人担任(同时兼任省文化厅党组成员),总经理1人;副职5人,其中专职副书记1人、纪委书记1人、副总经理3人。集团副职由中共山西省委宣传部会同省委组织部考核,由省委宣传部任命,集团子公司领导和中层干部由集团党委任命,报省委宣传部备案。集团总部29人,下设党办、综合办、人力资源部等6个部门。陕西省演艺集团设立党委会、董事会、艺委会、监事会及总经理办公会。班子正职为省管干部,设党委书记兼董事长1人、总经理1人,由陕西省委组织部考核任命。集团副职由中共陕西省委宣传部任命,设党委副书记1人、副总经理2人、艺术总监1人。监事会主席外派。各子公司领导班子成员由集团统一任命,中层以下人员由各单位按照程序自行研究决定。集团下辖5个部门,工作人员25人。

(三)妥善合理的人员安置为发展解决潜在的隐患

依据《中共中央宣传部、文化部关于深化国有文艺演出院团体制改革的若干意见》(文政法发〔2009〕25号)和《关于支持转企改制国有文艺院团改革发展的指导意见》(文政法发〔2013〕28号)两个文件规定,全国大部分省市都在陆续调整文化体制改革政策,调研六省在国有院团转企组建集团时,基本是本着"老人老办法,新人新政策"的原则,以企业工商注册日为转制基准日,对转制时在编财政供养人员封存原事业编制档案,在退休待遇、调出和工资调整等方面享受档案事业身份待遇,直至人员全部消化。各地在执行国家政策时标准不一,有的差别很大。河北省演艺集团刚成立时原有事业人员保留档案,在岗员工转为企业身份。2016年,河北省人民政府出台《关于印发省属经营性文化事业单位转制为企业劳动关系调整及社会保障政策意见的通知》(冀证办字2016〔173〕号文)规定:"离退离岗人员养老保险关系不变,在编的在职人员全部继续按事业单位的办法享受养老保险。转制后新进人员,全部按照企业办法参加社会保险。对于自谋职业的人员给予一次性安置费,离退人员医疗费按照原渠道解决,住房公积金继续按财政部门核定的数拨付。"山西省演艺集团改制后,原事业编制人员只保留事业档案,全部取消事业身份,转为企业身份。按照企业有关规定,全员签订劳动合同,办理企业基本养老保险和其他"四险一金","事企差"由省财政托底解决。离休人员待遇的调整纳入全省统一的事业单位离休费调整范围,所需费用由同级财政统一解决;转制前已退休人员待遇的调整纳入全省统一的事业单位退休费调整范围,由同级财政部门按统一的标准和现有经费渠道安排所需资金,并由退休人员原单位负责发放。江苏省演艺集团对改制前事业单位离退休人员原待遇不变,财政予以保障,经费单列。改制前参加工作而改制后达到法定退休年龄时以企业身份退休,但享受事业单位待遇。对改制后事业编制在职人员只缴纳养老保险,没有缴纳社保。另外,改制后进入人员只缴纳"两险一金"。湖北省演艺集团成立事业管理中心,对转制前原事业身份人员,保留其身份不变、档案工资不变,纳入省直机关事业单位养老保险保障范围。对转制后进入院团的新晋员工,全部按照国家规定缴纳"五险一金"。转制前拥有事业身份或公务员身份的集团领导后调入演艺集团的,将其身份与转制前事业身份人员一并放入集团事业管理中心,享受事业身份待遇。陕西省转制时封存原事业编制人员档案,以其转制时的基本工资为档案工资,岗位工资不再变动,对年度考核合格及以上等次的工作人员每年正常增加一级薪级工资,今后国家调整工作人员基本工资标准时,其档案工资也做相应调整。退休时以档案工资为基数,按事业单位办法计发退休费,并按事业单位退休人员退休费调整办法执行。

二、落实财税扶持政策,给钱给物确保企业的生存发展

按照国有院团"创新体制、转换机制、面向市场、壮大实力"的改制要求,各省均对转制院团进行了清产核资,并实资注册成立了集团公司,演艺集团均为财政全额出资的国有独资企业。

(一)到位注册资金是转制企业的立足之本

除江苏省演艺集团外,其他五省都构建了母子公司管理框架,均实现了对各成员单位行使出资人的权力,对下属企业及事业单位各项业务发展进行统一管理和监督,促进了国有资产的保值增值,推动了转制企业的自主经营、自我管理和自我发展。各省演艺集团成立时一般由省财政厅委托会计师事务所对改制涉及的文艺院团进行清产核资,由省财政厅履行出资人职责。陕西省演艺集团成立时注册资本为人民币5 000万元,其中省财政厅以货币出资2 500万元,净资产转增2 500万元。近几年因追加了文化产业专项资金等,目前资本金已达1亿元。河北省演艺集团成立时,由省财政厅代表省政府实际注资3 000万元,并对合并院团清产核资,交给集团统一管理。山西省演艺集团注册资金3 700万元,其中省财政厅实际出资2 000万元,另1 700万元为资产注入。集团为每个子公司注资50万元,对各子公司实行绩效考核,财务统一管理。江苏省演艺集团转企改制时实际注资1 000万元。集团成立资产管理中心,通过建立目标管理责任制,收支两条线,建立所属院团、经营单位和各部门财务管理和绩效分配机制。湖北省演艺集团是以核定后的资产出资注册2.7亿元,同时拨款开办费800万元。

（二）落实扶持政策是企业生存的必要保障

近些年，国家和地方各级政府在艺术基金项目申报、文化产业扶持、文艺人才扶持、政府购买服务、精品扶持、剧目补贴、以奖代补等方面为转制文艺院团投入了很多资金支持，为各地艺术繁荣发展提供了坚实保障。广东省设立文化艺术资金，每年安排财政经费约3 700万元用于扶持全省文艺院团的艺术创作生产。2014年，该省还下发了《关于印发〈关于贯彻实施国家九部门支持转企改制国有文艺院团改革发展指导意见的若干政策措施〉的通知》，在土地、经费、税收、基础设施建设、工商注册、科技创新、人才培养和引进等方面对转企改制文艺院团进行大力扶持。2016年，出台了《广东省人民政府办公厅关于促进地方戏曲传承发展的实施意见》，进一步促进地方戏曲院团尤其是转企改制团的繁荣发展。江苏省对演艺集团财政扶持力度较大。2005年改制时，人员按照当时核定的基数兑现工资，但随着"事企差"工资差距逐渐加大。2009年和2012年该省两次调整补助基数，保证演艺集团人员薪酬不低于省属文化企业平均标准。在申报非遗项目和人才引进培养上，中共江苏省宣传部也给予资金支持，2016年拨款2 000万元；同时对院团剧场的维护、日常运转和维修也给予一定的资金补助。陕西省演艺集团运营经费除了改制之初2 500万元的资本金注入外，主要来源为每年递增15%的改制经费，约为每年400万元。近年来，该集团通过项目申报争取到了一定数额的国家艺术基金、文化产业专项资金补助，但陕西省没有针对演艺企业的专项创作资金和人才引进经费。税收方面享有免征企业所得税、自用房产免征房产税、免交国有资产收益费等优惠政策。山西省、湖北省每年在预算内为省属演艺集团安排一定数量的财政资金，采用项目补助方式支持集团文化产业发展和补贴因涨工资等造成的资金缺口，同时安排专项经费用于剧目创作、文艺演出及演艺产品与服务项目。在税收方面，下文落实相关政策，免征转制文化院团企业所得税，自用房产免征房产税。河北省通过事业专项拨款和政府购买文化等方式给予演艺集团大力扶持。

（三）政府购买文化是实现发展的加持要素

各演艺集团不断深化体制机制改革，努力延伸产业链条，整合各种演艺资源，积极拓展演艺市场，初步形成了以舞台文艺创作演出为主体，以艺术教育、演艺运营、剧场管理为辅助的产业链条。在拓展文化演出市场行动中，政府购买服务、原创剧目补贴、以奖代补等多种方式的扶持对于转企改制国有文艺院团发展壮大给予了极大的助力。从2016年开始，山西省演艺集团代理太原市政府以直补模式每年向市民发行的3万张文化消费卡，拉动太原市演出、电影、图书等文化消费近千万元，10万余名市民受益。陕西省实施"文惠卡"，每张卡政府每年补贴400元，老百姓只需每年缴纳会员年费100元即可观看全年百余台精彩演出。河北省演艺集团配合省里"文惠卡"项目成立制卡传媒文化公司，每年发卡3万张。省里补助500万元，石家庄市补助900万元，个人购卡100元补400元，取得较好演出效果和收益。另一项产业是联合地方院校办演艺学校，校企合作增加收益。

三、制定科学合理机制，以人为本激发企业的内生动力

（一）建立企业化的绩效考评和薪酬分配机制

各地薪酬绩效执行标准不一，有的集团班子拿事业工资，有的集团班子实行年薪制，有的母子公司管理层实行年薪制，有的只在企业性质的子公司实行管理层年薪制。但基本都建立了岗位工资和绩效工资制度，建立了与岗位职责、工作业绩、实际贡献紧密联系和鼓励创新的分配激励约束机制，建立了涵盖创作生产、收入分配、职称评定、人员管理、经费管理和内部考核的管控制度，专业技术人员实行了评聘分离。河北省演艺集团班子实行企业年薪，按省委宣传部双效目标考核任务完成情况兑现，二级子公司班子参照执行。原事业身份人员按事业开支，新进入人员实行企业化工资标准。山西省演艺集团班子由省国有文化资产监督领导小组双效考核，实行年薪制。二级公司按集团出台的《所属子公司员工薪酬

管理指导意见(试行)》执行。江苏省演艺集团班子目前只拿基薪,为员工平均工资的2倍,大约在年20万元左右。集团班子归宣传部门考核,按双效目标完成情况,其中社会效益占70%,经济效益占30%。全集团建立真正企业劳动和分配关系,实行薪酬分配与演出场次、岗位档次和工作绩效挂钩,打破平均主义,按劳取酬,按贡献大小实际兑现奖惩。湖北省演艺集团班子实行年薪制,由中共湖北省委宣传部文资办按双效目标考核兑现,其中社会效益指标占三分之二,经济效益指标占三分之一。院团二级班子和集团总部中层干部由集团进行绩效考核,按目标责任完成情况兑现。转制前原有事业身份人员按事业体系开支,转制后进入人员工资实施绩效激励机制,按照演出场次、演出角色等计发工资。

(二)推行可持续的人才引进和培养发展计划

人才是推动艺术事业繁荣发展的核心力量,各省演艺集团均根据自身实际情况制定相应的措施和制度,加大人才培养和引进力度。湖北省建立人才梯队培养机制,加大后备人才定向培养和青年表演人才培养力度。2016年举办楚剧、汉剧、黄梅戏三个定向班,从50多个县市1 800余所学校的20多万名学生中选拔录取160名学生。2016年举办青年表演人才培训班,积极选送青年骨干参加文化部"千人计划"研修班学习观摩。广东省着力培养青年编剧人才,搭建编剧与院团对接合作的桥梁,实施"全省青年创作计划"。广州交响乐团制定了《广州交响乐团人才培训计划》和《广州交响乐团人才培训计划实施细则》等规章制度,近年从欧美留学人员中吸收了16名优秀人才。其他省有的积极发挥艺术名家传帮带作用,组建艺术家工作室,收徒传戏,培养人才;有的省通过与当地艺术职业学校合作及与高等院校联合办班等形式,建立起培养输送优秀表演人才的渠道;有的省打破地域限制,不拘一格用人才,较好地解决了人才不足的难题。

由于各地省委政府采取了一系列强有力的措施,卓有成效地发挥了杠杆和引导作用,改制文艺院团以演出为中心,艺术创作生产和市场能力进一步增强。广东星海演艺集团策划推出了舞剧《沙湾往事》,荣获国家文化部文华大奖。陆续推出音乐剧《烽火·冼星海》、话剧《韩文公》《康有为与梁启超》等一批精品力作。陕西省演艺集团近年创排了11部原创剧目,5部上报文化部,2部进入终评。在全国大幅压缩奖项90%的情况下,《大汉苏武》斩获文华大奖;《丝路彩虹》成为唯一参评的杂技剧作品;《白鹿原》与旅游结合,常年驻场演出。江苏省演艺集团采用国际化的艺术表达形式,连续创排了《运之河》《郑和》和《鉴真东渡》三台大型原创史诗歌剧。其中,《运之河》在第二届中国歌剧节上囊括七个大奖,《鉴真东渡》参与"感知中国·江苏文化日本行"系列活动,两度赴日本演出。大型舞剧《记忆深处》和歌剧《拉贝日记》获得专家学者、观众的好评。湖北省演艺集团加强导向管理,设立艺委会,对剧目的审定投排严格把关。同时,推进项目制生产,经典歌剧《洪湖赤卫队》荣获文化部第二届优秀保留剧目大奖;大型原创话剧《信仰》荣获中宣部"五个一工程"奖;大型民族歌剧《八月桂花遍地开》荣获第二届中国歌剧节一等奖第一名;编钟礼乐《金石和鸣》、大型音乐舞蹈史诗《编钟乐舞》多次参加国家和省里组织的文化交流活动,赴埃及、德国等国家和我国香港地区交流演出。河北省演艺集团成立艺委会,统一集中创排经典剧目。近年来,话剧《詹天佑》、河北梆子剧《李保国》等精品剧目不断涌现,其中河北梆子剧《李保国》获中宣部"五个一工程"奖。山西省演艺集团一手抓转企改制,一手抓文艺创作。转企改制后,依托山西雄厚的历史文化和红色文化资源,确立三个创作主攻方向,即历史题材、红色题材和现实题材,先后创作晋剧《巴尔思御史》、京剧《紫袍记》《陈延敬》、音乐剧《火花》和话剧《生命如歌》等20台剧目和10余台大型晚会,有4部舞台文艺作品获得国家级奖项或入选国家级重点创作工程。

黑龙江省演艺集团自2012年6月成立至今,始终因改革政策未落实或落实不到位,存在体制不顺、资金不足、队伍不稳等诸多困扰。调研、学习、借鉴先进省市做法,对于深化黑龙江省国有文艺院团改革,对于做大做强演艺龙头企业有着宝贵的积极意义。

关于齐齐哈尔市基层宣传干部队伍建设情况的调查与思考

中共齐齐哈尔市委宣传部

按照"不忘初心、牢记初心"主题教育调研要求,结合中共齐齐哈尔市委宣传部"强四力、转作风、助发展、促振兴"大调研活动的安排部署,围绕当前全市宣传文化系统干部队伍建设情况,通过问卷调查、实地走访、座谈交流等方式开展一系列调研活动,并进行深入研究和思考,提出工作意见建议。

一、基本情况

全市宣传文化机构共218个(含乡镇),核定编制2 126个,实有人员2 303人(在编1 608人,非在编695人)。其中,市级机构数量8个,核定编制874个,实有人员1 066人(在编585人,非在编481人);县级及以下机构数量210个,核定编制1 252个,实有人员1 237人(在编1 023人,非在编214人)。从年龄结构上看,35岁以下505人,占比21.9%;36~49岁1 243人,占比54%;50岁以上555人,占比24.1%,年龄结构偏老化,年轻干部储备不足。从学历结构上看,大专及以下学历248人,占比10.8%;大专学历426人,占比18.5%;本科学历1 566人,占比68%;研究生及以上学历63人,占比2.7%,学历层次总体较高,但研究生及以上高素质人才较少。从性别结构上看,男性1 297人,占比56.3%;女性1 006人,占比43.7%,性别比例较为均衡。

县(市)区党委宣传干部队伍情况。16个县(市)区委宣传部共核定编制169个,实际配备人员155人(在编114人,非在编41人),配备率达到91.7%。

乡镇(街道)宣传干部队伍情况。共核定宣传委员编制150个,实际配备138人(在编129人,非在编9人),配备率达到92%。

二、加强干部队伍建设的主要做法

一直以来,全市各级宣传文化系统以不断增强脚力、眼力、脑力、笔力为根本,立足于培养一支政治过硬、本领高强、求实创新、能打胜仗的宣传文化干部队伍,并取得初步成效。

一是强化干部队伍建设。从调研情况来看,目前齐齐哈尔市基层宣传文化干部整体配备率达到了90%以上,组织架构较为健全,实现了宣传文化工作有人抓、有人管。同时,按照"德才兼备,以德为先"的原则,严格县(市)区委宣传部领导班子任前考核,全面实行人员变动函询报备制,三年来,共审核报备副部长级以上干部13人,逐步实现了干部管理工作的规范化、制度化。

二是干部来源渠道多样。突破人才选用边界,制定人才引进政策,结合实际推行和完善了公开招考、社会招聘、引进名校优生、借调等措施办法,对于部分岗位急需人才采取定向招录、公开选调等方式予以补充。2018年以来,九县七区宣传部共补充在编工作人员38名,有效保障了基层宣传部发展需要。

三是加强干部提拔使用。根据宣传文化工作发展需要,以"有为者有位"为导向,市县两级宣传文化战线均普遍形成了"发现—选拔—培养—任用"的人才选拔机制,努力为优秀人才发挥才智、施展才华搭建平台,创造良好环境。2018年以来,县区宣传战线共提拔交流任用干部10人,重用4人。其中,富裕县两年间就提拔了5人,重用了1人。干部的有序流动,促进了队伍的血液始终保持新鲜。

四是强化提升业务培训。高度重视基层宣传干部队伍素质培养,通过上级选调、自行组织、指导基层自行开展,运用"请进来""走出去"等方式不断提高宣传文化干部队伍的综合素质。2018年以来,各县市区共邀请省、市专家学者有针对性地举办各类专题培训和讲座38场次,累计培训宣传文化干部3 000人次,累计选派67名干部到各级党校培训和参加不同层次研讨。特别是2019年6月,齐齐哈尔市委宣传部组织全市宣传文化系统干部赴上海复旦大学进行为期7天的集中培训,受训学员反响热烈,切实推动了宣传文化干部素质大幅提升。通过各类各层次培训,全市宣传文化干部队伍政治可靠、信仰坚定、业务精通、素质全面,在应对基层复杂工作中作用显著。

三、存在的突出问题

在看到成绩的同时,我们也清醒地认识到,当前齐齐哈尔市宣传文化工作,特别是在县(市)区和乡镇(街道)两级基层宣传文化干部队伍建设上还存在着一些不容忽视的问题。主要表现以下几方面。

一是人员力量与工作任务不匹配。近年来,从中央到地方,宣传思想工作力度不断加大,工作任务越来越繁重,新一轮国家机构改革中又将新闻出版、电影管理职责归口宣传部管理,工作任务越来越多,要求越来越高。但部分县(市)区仍然存在"重经济、轻文化"的问题,虽然宣传部门职能得到扩充,但有的只转编不转人,有的压根连编制都没有转隶,造成基层人手与编制双短缺,严重制约工作长足发展。尤其是在重大活动期间,人员力量更显薄弱。调研还发现,在人员配备上,非在编人员占有一定比例,且绝大多数是临聘及借调人员,流动性较强,不利于工作的有序开展。同时,普遍存在一人多岗的现象,通常是"哪有事儿哪到",无法系统、专一开展工作,疲于应付。特别是乡镇宣传委员,有的是身兼数职,分身乏术;有的是上挂下派,在编不在岗;更有甚者在其位不谋其政,造成基层宣传工作严不起来,落实不下去,出现"梗阻"现象。

二是能力素质与工作要求不相符。在现行体制下,宣传工作往往呈现"倒金字塔"式的结构,越往下越不受重视,人员配备越随意,科班出身少,半路出家多;专业人才少,一般人才多。调研发现,县级宣传部门班子中有部分成员来源于口外转岗调动,其中大部分人任前从未从事过宣传领域工作,经过简单培训后就上岗任职,对宣传工作规律不熟悉,往往是现学现卖。同时,部分专业人才在走上领导岗位后渐渐远离专业领域,造成专家型宣传人才少之又少。在乡镇(街道)一级,宣传委员、文化干事的整体素质和水平不高,不能很好地结合实际开展工作,往往只注重对外宣传,在丰富群众文化生活上做得不够,缺少吹拉弹唱和文学创作等方面的专业人才。

三是专业结构与时代变化不适应。在移动互联网、微信等新兴媒体不断涌现的今天,宣传工作面临着媒体结构多元化、传播途径多极化、人们思维多样化的挑战,传统的宣传工作方法早已不能适应时代发展需要。特别是在县(市)区,虽均已按照上级规定成立了网信办(仅有3个区成立了专职机构,其余均为挂牌机构),并全力推进融媒体中心建设,但熟练掌握现代传媒新手段的专业人才少之又少,开展工作更多依靠以往工作经验、请外援,或仅满足于舆情监控、新闻采编等常规工作,难以胜任媒体融合、网络信息化管理等新兴岗位要求。

四是成长空间与实际预期不平衡。由于宣传系统的特殊性与专业性,在干部流动与职务晋升上,与组织、纪检等部门相比,存在着进口不畅、出路不宽、上升空间小的问题。在调研中发现,有的县级党委宣传部副职任职多年而没有交流,即使交流也仅仅局限于系统内或上下级部门之间。同时,县级宣传部门中有部分借调人员属于事业编制,在干部提拔任用上机会少、限制多,组织有劲使不出,导致干部队伍活力不足,工作缺乏积极性、主动性、创新性。

五是队伍建设与事业发展不协调。齐齐哈尔市属经济欠发达地区,对宣传文化发展的投入相对有限,部分农村文化基础设施还很薄弱,开展各类活动缺乏必要硬件支撑,有的没场所,有的没设备,有的没人员,让基层宣传干部感到无用武之地,严重影响工作积极性。同时,在调研中还发现,部分宣传系统干部尤其是机关干部调研意识不强,工作疲于应付,上下级部门间协调联动差,不愿深入基层、深入一线,使得宣传工作不能很好地服务群众,缺乏吸引力、感染力。此外,我们还发现,近三年全市虽然有90%以上的基层党委宣传部干部接受过各级组织培训,但仅有43%的干部接受过市级以上专业培训，存在着培训层次不够高、针对性不够强、覆盖面窄、次数有限等问题，仍有继续提升空间。

四、工作意见和建议

针对当前干部队伍建设的实际情况，与习近平总书记提出的增强"四力"要求对标对表，提出如下意见建议。

一是强化顶层设计，配齐配强队伍。坚持党管宣传、党管干部原则，明确要求基层党委、政府将宣传思想文化工作纳入地区总体工作规划，继续推动县乡两级党委宣传机构、编制、人员、经费等落实到位，并结合脱贫攻坚"三通三有"（通硬化路、通广播电视、通宽带，有卫生室、有文化活动场所、有医生）要求，加快农村宣传基础设施建设和人员配备，确保各项工作有人抓、有人管、能落实。同时，要进一步完善宣传系统干部管理措施和办法，制定干部队伍建设中长期规划，坚决清除干部队伍中政治立场摇摆、长期告病请假、道德品行不过硬的害群之马。秉承本土人才培养和域外人才引进并重的原则，一方面实施优秀人才培养计划，快速提升现有干部能力素质；另一方面依托"名校优生"、选调生"双百计划"、公务员招考"千人计划"等人才引进政策，重点抓好网络信息管理、影视制作、文化创作等优秀人才引进，使更多的高素质、高技能人才为我所用。此外，全面实行市直、县直单位宣传工作专人负责制，定人定岗定责，并探索建立平时各守一摊、用时机动组合、统一调度的横向、纵向宣传工作联动机制，加强宣传干部梯队建设，增强宣传事业发展后劲。

二是加强督导考核，激发干事热情。千难万难，一把手重视就不难。要建立市部领导包县、县部领导包乡、乡镇领导包村的宣传工作三级包保责任制，适度提高宣传工作在各项考核中的占比，并着力强化重点工作督查督办，真正实现将宣传工作成效作为衡量领导班子和领导干部工作业绩的重要依据。要加强目标岗位管理，严格规范宣传战线奖惩制度，对宣传工作岗位任务层层分解，责任到人，并定期对岗位责任目标完成情况进行严格考核。要分级分类建立宣传系统干部政治理论、工作业绩和工作能力量化考核体系，把评价结果与干部选拔任用、培养教育、激励约束有机结合起来,对表现优秀、实绩突出的同志要重点培养、优先使用,对不适合、不适应的要坚决做出调整。

三是畅通发展渠道,实现人尽其才。要深化宣传系统干部人事制度改革,建立重点培养机制,树立正确用人导向,把一些贡献突出、年纪轻、有水平、有培养前途的优秀干部特别是年轻干部纳入各级后备干部队伍重点培养。要优化县级宣传部门领导班子配置,注意选拔优秀年轻干部充实到领导班子,并加大领导干部交流轮岗力度,对在同一职位任正职或副职满5年以上的人员有计划地进行交流。同时,要进一步提高基层宣传工作者的政治待遇,特别是对长期工作生活在基层的宣传文化工作者,在评奖评优、职务晋升等方面要给予优先考虑,使基层宣传文化干部有干头、有盼头、有奔头,努力营造拴心留人、干事创业的良好氛围。

四是突出培训锻炼,提升业务素质。秉承纲举目张、执本末从的工作理念,继续采取"走出去到先进地区考察培训"与"请进来高层次专家学者讲学授课"相结合的方式,重点加强县级党委宣传部领导班子新知识、新业务、新技能培训,并积极开展乡镇(街道)级基层业务骨干轮训,着重强化社科理论、媒体融合、网络管理等方面的专业培训,促进基层宣传干部及时更新知识结构,增强业务能力。开展多岗位锻炼,进一步完善基层宣传干部异地交流、岗位轮换、下派挂职等制度,推动干部人才丰富阅历、拓宽视野、积累经验、增长才干。特别是针对当前正在推进的文旅融合工作,要探索建立产业部门与宣传系统干部双向挂职制度,了解掌握产业项目从引进到落地的基本规律,确保文旅强市建设再上新台阶。同时,要积极提倡在职学习,鼓励和支持优秀人才和专业技术骨干人才接受在职专科、本科及研究生学历教育,不断提高基层宣传干部综合素质。

五是加强作风建设,倾听群众呼声。各级宣传部门要进一步强化服务意识,加强基层干部关怀关爱,探索建立主要领导联系班子成员、班子成员联系普通干部制度,通过上门咨询意见、召开座谈会等形式,切实解决干部群众实际问题,做到困有所助、难有所帮、需有所应。要强化群众监督,建立健全基层宣传文化干部管理长效机制,构建全方位立体式监督网络,延伸监督触角,充分发挥各监督主体尤其是群众监督的作用,把从严管理贯穿到干部队伍建设全过程。要主动下沉一线,积极组织宣传干部深入到全市产业建设、脱贫攻坚、民生改善等基层一线开展走访调研,全方位参与中心工作,把握舆论态势,找准宣传着力点,让宣传文化工作更接地气。要强化斗争意识,当前和今后一个时期,我国发展进入各种风险挑战不断积累甚至集中显露的时期,作为党的喉舌部门,各级宣传干部要敢于斗争、善于斗争,勇于向社会歪风邪气、怪言怪语亮剑,练就草摇叶响知鹿过、松风一起知虎来、一叶易色而知天下秋的见微知著能力,把牢党在意识形态领域的主导权、管理权和话语权。

关于新形势下加强对俄文化交流的路径研究

中共黑河市委宣传部

近年来,中俄不断扩大在人文社会领域的交流与合作,取得了丰硕的成果,在国际上树立了不同体制、不同文化国家间文明互鉴、友好对话与交流合作的典范。黑河作为黑龙江省重要的口岸城市,是国家对外开放的窗口和前沿。面对新形势,如何更有效地拓展对俄文化交流路径,助力对俄各领域交流合作全面深化,已成为口岸城市肩负的国家使命和需要破解的重要课题。

一、中俄文化交流的现实意义

(一)加强理解互信,展示国家形象

中俄文化交流的广度和深度与中俄两国人民相互理解、相互信任、相互认同的程度紧密相连,与国家在外部世界的形象息息相关。在国际和地区形势发生深刻变化的大背景下,探索新形势下对俄文化交流路径,有利于巩固中俄新时代全面战略协作伙伴关系,增强两国人民的互信,维护共同利益,促进共同发展。

(二)深化传统友谊,促进民心相通

近年来,中俄两国人民通过友好互访、艺术交流、民间往来等不同形式,在教育、媒体、科技、体育、医疗、社科等各个领域频繁往来,深入交流。

研究建议

双方以文化为桥梁,相互学习、相互借鉴,不断升华传统友谊,拉近彼此距离。

(三)夯实合作基础,促进经贸繁荣

在两国元首的战略引领和推动下,中俄经贸关系大步向前,全方位合作深入推进。在双边贸易稳步增长的基础上,投资合作不断拓展,大项目合作亮点频现。中俄东线天然气管道正式投产通气;中俄跨境索道已经开工建设;两国地方和企业积极借助中俄博览会、东方经济论坛、圣彼得堡经济论坛等平台开展对接,取得积极成效。

(四)弘扬传统文化,传递中国声音

弘扬传播中华文化,提升中华文化软实力,不仅可以扩大中华文化在世界的影响力,也可提高中国在世界的地位,让中国故事更生动,让中国声音更响亮。

二、近年来中俄文化交流取得的成就

(一)机制建设日趋完善

黑河市对俄人文交流起步早、基础好,从20世纪80年代开始,就不断加强与俄政府和民间的交往合作,与比邻的俄罗斯阿穆尔州布拉戈维申斯克市建立了完善的高层互访和年度会晤机制,55个市直相关部门与俄方对应部门和单位开展了对口合作,每年年初双方举行工作会谈,共同商讨制定本年度交流合作计划。两国地方政府平等、友好的密切交往,促进了中俄睦邻友好关系,增强了两岸在政治、经济、科技、文化、体育等各方面的交流与合作,同时也形成了口岸城市对俄人文交流的诸多鲜明特色。

(二)品牌效应更加凸显

依托经济互补、文化迥异、区位独特的优势,近年来黑河与阿穆尔州及布市各领域合作务实深入。从中国俄罗斯年开始,先后在两国语言年、旅游年、青年友好交流年以及中俄地方合作交流年期间举办了各具特色的主题活动。连续成功举办十届的中俄文化大集已上升为国家级文化交流项目,形成了中俄边境城市展览会、中俄界江国际冰球友谊赛等一批人文交流品牌项目,"三八"妇女节、"六一"儿童节互访及"横渡黑龙江"活动被外交部确定为中俄民间交往机制化项目。"一城两国中国年""一城两国中国红""走出森林的中俄宝贝"等中俄民众参与广泛、影响深远的跨境文化交流活动层出不穷。截至2019年10月,2019年黑河与俄方进行领导会晤、部门互访、活动交流累计近百次,平均每3天就有一次交流活动。

（三）交流领域越发广泛

中俄两国在教育、医疗、科技、公共事务等很多领域具有互补性。近年来黑河市积极拓展对俄交流领域,广泛开展教育、文化、医疗、体育、科技等全方位合作。中俄林业生态建设学术论坛、中俄联合水质检测、跨国灭火救援演练、中俄界河应急救援演习、中俄护士节临床技术交流等活动定期举办。中俄林业生态建设学术交流研讨会、中俄医疗卫生高峰论坛、中俄农业合作论坛、"两国一城"高层论坛、中俄教育高峰论坛、黑龙江·香港—阿穆尔州青年论坛等探讨深化和推进中俄各个领域交流与合作的一系列研讨活动频频在两岸举办。2015—2018年举办中俄中小学校园雪地足球友谊赛、中俄青少年艺术节、国际夏令营、"六一"儿童互访等活动160次,参加师生达11万人次。

三、文化交流存在的问题

（一）缺乏高起点的统筹规划

在当前对俄文化交流中,官方互访、媒体合作、文艺演出、艺术展览、民间交流等种类繁多,涉及文旅、教育、科技、体育、媒体、卫生等多个部门及社会团体组织。但由于缺乏整体统筹规划,不同的传播主体根据各自

研究建议

的属性设定传播内容,传递不同的文化符号,缺乏对中国文化形象和价值观念的统一传播标准。

(二)缺乏跨文化的深入了解

自说自话、我说你听的单向传输方式在对俄文化交流中占据了一定的比重。传播主体对俄罗斯历史文化、宗教民俗、法律法规、礼仪习惯的不研究、不掌握,对俄罗斯民众思想状况、生活状况的不了解、不熟悉,让文化交流难以真正落地,不但达不到"以文化人"的效果,甚至还会让受众产生抵触情绪。这种文化壁垒为对外传播设置了新的门槛,也使交流效果大打折扣。

(三)缺乏懂传播的双语人才

"掌握一种语言就是掌握了通往一国文化的钥匙",语言可有效拉近人与人、国与国之间的距离。在中俄两岸文化交流中,能够知晓俄罗斯民众语言习惯、表达方式的翻译人才严重不足;在此基础上,既懂社会学、传播学,有一定艺术造诣,又了解俄罗斯宗教、习俗、法律等知识的人才更是少之又少。外向型、复合型的专业交流人才的匮乏,在深层次上影响着中俄文化交流的效果。

(四)缺乏可持续的资金支持

目前,中俄两岸文化交流主要以国家专项资金支持和政府补贴为主,民间资本投入相对较少。以黑河市为例,被国家列为边境之窗工程首批试点市后,国家、地方先后拨付500余万元资金用于"五个一"工程建设,取得了很好的推动效果。但作为一项五年工程,一次投入远远不够。如果没有后续资金跟进,一些初见成效的交流品牌活动、对外传播平台将很难维系并继续发挥作用。

(五)"中国威胁论"的负面影响

中国的高速发展举世瞩目,得到了大多数俄罗斯民众的赞赏和支持,但是中俄边境地区随着黑河中俄黑龙江公路大桥、跨江隧道及东线天然气管道等一系列中俄基础设施项目的互联互通，随着中俄农业合作、林业合作的推进，关于国家安全、资源、生态等领域的负面声音难以消弭，对中俄文化交流产生消极影响。

四、新形势下对俄文化交流路径的建议

（一）坚持国家站位，构建全方位对俄文化交流新格局

"每到重大历史关头，文化都能感国运之变化。"让中国优秀的传统文化走向世界，铺就沟通人心的文化"一带一路"，是引导国际社会全面客观认识中国、塑造中国良好形象的重要途径。

一是加强顶层设计，谋划总体布局。文化的对外交流与传播是一项任重道远的工作，只有真正坚持国家站位，才能让中国声音、中国精神在世界上行稳致远。要积极探索创新对外传播体制机制，从国家层面整合资源、制订规划、调整布局，将对外文化交流工作深度融入国家"一带一路"建设，将边境口岸地区全面纳入国家外宣体系，将众多中俄机制性交流活动为文化传播所用，以文化交流合作传递"与邻为善、与邻为伴"思想及"亲、诚、惠、容"理念，树立开放、负责、包容的大国形象。

二是发挥地方作用，强化机制建设。着力扶持一批对外文化交流合作基础好、底子厚的边境城市，给予对外交流和传播的政策、资源支持，指导地方建立党委牵头、政府支持、部门合作、民间参与的"四位一体"对外交流格局，调动和发挥党政机关、人民团体、社会组织等各方面积极性，发挥渠道优势，整合资源力量，形成联动效应。切实发挥好党委、政府部门的主导作用和自身功能，以强有力的制度保障推动对俄文化交流合作不断走向成熟深入。

三是动员民间力量，丰富交流渠道。民间团体是文化传播的重要力量，在传播内容上彰显地域特色、民族特色、时代特色，同时兼具文化亲和力、感染力。要广泛动员民间对外交往力量，通过政策、资金等杠杆，鼓励、扶持社会机构和公民积极参与对外文化交流。加强对民间团体的引

导、带动,丰富民间对俄文化交流内容,积极扶持民间团体走出去,使更多的文化从业者成为我国对外文化交流的主力军,不断拓展对俄文化交流渠道。

(二)实施精品战略,搭建高标准对俄文化交流新体系

当前,中俄新时代全面战略协作伙伴关系将两国关系提升到前所未有的高度,确立了双边关系发展守望相助、深度融通、开拓创新、普惠共赢的新定位。在这样的大背景下,中俄文化交流也必然在两国政治、经济、社会各领域紧密合作中发挥更为重要的桥梁和纽带作用。不断丰富文化交流内涵,促进对俄文化传播与文化贸易融合推进,打造有影响力的品牌活动、有竞争力的文化产品、有发展后劲的跨境文化产业集群,是中俄文化交流新体系建设的必然需求。

一是壮大有影响力的品牌活动。发挥品牌文化活动的引领作用,以"中俄文化大集""横渡黑龙江""界江冰球赛""青少年互访"等有较强影响力的中俄文化交流品牌为龙头,广泛吸引国内外文化机构、艺术团体、民间组织参与,进一步深化与远东城市联盟合作,积极培育覆盖不同年龄段、不同结构层次、不同交流领域的新的品牌文化活动。积极培育壮大"丝路欢聚中国年""过春节 学汉字"等一批受到中宣部支持的春节文化"走出去"优秀项目,吸纳更多国内优质文化资源参与、促进提档升级,不断提升活动在境内外的影响力,为中俄民众搭建内容更为丰富、形式更为多样、互赏互鉴更为深入的交流平台。

二是打造有竞争力的文化产品。文化精神的传播,要借助于相应的文化产品才能真正实现。随着中俄文化交流合作走向深入,中俄双方对于文化产品及文化产业的发展需求日益凸显,文化贸易、文化旅游逐步走向对俄文化交流的前台。要逐步推出一系列富有地域特色的文化产品,推动桦皮工艺品、冰雪画、乌鱼绣、嬷嬷人剪纸等产业高质量发展;要精心设计一系列展示北国风光的旅游线路,重点挖掘火山湿地自然生态资源、冰雪资源、养老资源等,与俄方共同开发营销,实现中俄文化资源共享、信息互通、产品互补,以两国、两岸文旅合作的互利共赢加快文化"走出去"

步伐。

三是构建中俄跨境文化产业集群。口岸城市独有的地缘、发展、政策红利优势,将为对外文化传播带来新的机遇和平台。当前,黑河与俄罗斯布拉戈维申斯克市正在联手打造中俄边境线上独一无二的跨境集群,将在对外贸易、投资、科技、教育、人文等多领域推进中俄深层次合作。以自贸区试验区黑河片区建设为契机,发挥黑河"一带一路"中俄人文交流典范城市对外交往优势,以国际化视野整合文化资源,大力发展高端影视制作、文化出版、创意设计、动漫游戏、跨境演艺等新型文化项目,将会开创一条产业发展驱动文化传播的新路径。

四是培育对俄文化交流人才队伍。应抓住新时代中俄全面战略协作伙伴关系的历史机遇,全力做好对俄文化交流人才的储备和队伍的培育。要通过加强中小学俄语语种课程的开设,加强俄语教育资源配置,提升俄语生比例;要加强中俄教育合作,完善中俄两国高校留学机制;要有效发挥俄罗斯境内19所孔子学院的作用,培养中俄两国的双语人才。

(三)发挥媒体优势,打开对俄文化交流新窗口

一是发挥国家外宣媒体龙头作用。在对外传播中,国家主流外宣媒体承担着传播信息、报道事实、澄清谬误的重要职责,是传递中国声音最为及时有效的渠道。针对边境地区对外传播能力不强、基础设施落后的现实状况,应发挥人民日报社、新华社、中央广播电视总台等国家外宣媒体的主渠道作用,争取将中央电视台俄语频道、中国国际广播电台、东北网俄语频道等重点外宣媒体阵地前移,借助口岸城市传播及受众优势实现对俄节目落地,切实提高口岸城市外宣站位和对外传播能力。

二是加强中俄地方媒体交流合作。口岸城市肩负树立国家外部形象的责任和使命,地方政府和媒体应主动服务国家战略,不断推动对俄传播向本土化、多样化、国际化发展。要加强中俄口岸城市媒体交流合作,建立媒体高层互访与年度会晤机制、中俄媒体常态化合作机制、传媒领域学术交流机制,通过联合采访、稿件互换、节目交流及媒体论坛等多种形式共享媒体资源,提高传播效果。

三是加强境外新媒体平台建设。发挥新媒体平台的传播作用,是提升对俄文化交流广度与深度的有效途径。要通过 VK、Facebook、YouTube、Instagram 等俄罗斯民众习惯使用的社交平台,建立由政府引导,新闻媒体、文化机构、民间组织充当主角的对外传播阵地,采用多种多样的社交营销手段进行形象传播,切实提高境外社交平台内容生产力、吸引力、亲和力和传播力。

当前,中俄两国都处于国家发展和民族复兴的重要时期,发展蓝图高度契合。只有全面加强对俄文化交流与合作,才能不断加深两国人民友谊,推动中俄文化互赏互鉴,在提高中华文化的"自信力"与"他信力"的同时,为中俄世代友好奠定更加长远和坚实的基础。

大事记

一月

1月22日,全省宣传部长会议在哈尔滨召开。会议传达全国宣传部长会议精神,安排部署2019年黑龙江省宣传工作。省委副书记陈海波出席会议并讲话。会议强调,全省宣传思想战线要以习近平新时代中国特色社会主义思想为指导,全面贯彻落实习近平总书记关于宣传思想工作的重要论述和全国宣传部长会议精神,守正创新,开拓进取,奋力开创新形势下宣传思想工作新局面。

当日下午,全省文明办主任会议、全省新闻办主任会议、全省网信办主任会议、全省广播电视工作会议同时召开。

二月

2月15日下午,省委书记、省人大常委会主任张庆伟出席省委宣传部副处级以上干部大会并讲话。他强调,要认真学习贯彻习近平总书记在全国宣传思想工作会议、中央政治局第十二次集体学习、省部级主要领导干部坚持底线思维着力防范化解重大风险专题研讨班开班式上的重要讲话精神,自觉肩负起新形势下宣传思想工作使命任务,举旗帜、聚民心、育新人、兴文化、展形象,以新气象新担当新作为谱写宣传思想工作新篇章,为龙江全面振兴全方位振兴提供坚强思想保证和强大精神力量。

王爱文、贾玉梅出席会议。

大 事 记

张庆伟在讲话中强调,要统筹谋划好宣传思想工作,推进媒体融合向纵深发展。要加强宣传思想部门自身建设,打造一支政治过硬、本领高强、求实创新、能打胜仗的宣传思想工作队伍。

省委宣传部部务会成员及其他副处级以上干部参加会议。

2月18日下午,中共黑龙江省委宣传部在哈尔滨召开省直宣传文化系统贯彻落实张庆伟同志在省委宣传部副处级以上干部大会上的讲话精神。省委常委、宣传部部长贾玉梅出席会议并讲话。

贾玉梅强调,要深入学习领会省委书记张庆伟在省委宣传部副处级以上干部大会上的讲话精神,把思想和行动统一到省委的要求上来。要以新气象新担当新作为担负起新的使命任务,在各项工作中当好"开路先锋",树立起良好形象,不断开创宣传思想文化工作新局面。

2月19日上午,省委书记、省人大常委会主任张庆伟参加省委宣传部"解放思想推动高质量发展大讨论"座谈会并讲话。

2月22日,省文联六届九次全委会在哈尔滨召开。会议传达了全省宣传部长会议精神和中国文联十届四次全委会会议精神,贯彻落实张庆伟同志在省委宣传部副处级以上干部大会讲话精神和宣传思想战线"解放思想推动高质量发展大讨论"座谈会精神,调整、增补省文联六届委员会委员,总结回顾2018年工作,研究部署2019年工作。省文联领导、六届委员会委员、各团体会员单位主要负责同志、机关及各直属事业单位职工等100余人参会。

三月

3月1日,省直宣传文化系统2019年党风廉政建设暨深化机关作风整顿工作会议在哈尔滨召开。会议总结省直宣传文化系统2018年党风廉政建设工作,部署2019年党风廉政建设和机关作风整顿工作。省委常委、副省长、省委宣传部部长贾玉梅出席会议并讲话。

贾玉梅强调,要切实提高政治站位,深化思想认识,提升政治标准,树立新风正气,把党中央和省委关于党风廉政建设、作风整顿的各项要求落到实处。要深入整顿作风，坚决纠正形式主义、官僚主义。要建立完善问责机制、监督机制、运行机制、容错机制等制度体系，推动党的建设常态化、长效化，把正风肃纪各项工作不断引向深入。

3月1日，《黑龙江省优化营商环境条例》（以下简称《条例》）正式施行，由省委全面依法治省委员会办公室主办，省委宣传部、省人大办公厅等承办的宣讲报告会在哈尔滨举行。

会议要求，各单位要认真落实省委关于深入学习宣传贯彻《条例》的有关要求，从讲政治讲大局的高度认真抓好《条例》学习，切实加强组织领导，确保对《条例》的精髓要义学深悟透。各级媒体要精心策划，加大监督检查力度，建立健全跨部门、跨行业的权威协调机制，指导各部门按要求完成各自承担的任务，为推动龙江重塑投资营商新环境做出新贡献。

3月5日，全省宣传思想战线增强"四力"教育实践工作电视电话会议在哈尔滨召开。会议传达中宣部增强"四力"教育实践工作电视电话会议精神，部署全省宣传思想战线增强"四力"教育实践工作。省委常委、副省长、省委宣传部部长贾玉梅出席会议并讲话。

贾玉梅强调，要站在旗帜鲜明讲政治、推动守正创新、坚守人民立场的高度，提升思想站位，切实提高增强"四力"的责任感和紧迫感。要突出问题导向，聚焦问题短板，把握增强"四力"教育实践工作的目标任务。要把增强"四力"教育实践工作作为一项基础性、战略性工程，强化推进落实，确保取得实实在在的效果。

3月17日，黑龙江广播电视台、黑龙江广播电视传媒网络集团股份有限公司与华为技术有限公司在深圳华为总部签署战略合作协议，标志着华为公司与黑龙江广播电视台和龙江广电网络在信息服务产业发展合作方面掀开新篇章，各方将发挥各自优势，共同在5G及基础网络、媒体融合、4K/8K超高清、大数据中心等领域开展全方位、深层次的战略合作，全面助推数字龙江高质量发展。

3月26日，省文明办组织召开全省文明办主任会议，传达学习了张庆伟同志在全省优秀志愿者代表座谈会上的讲话精神，各市（地、系统）党委宣传部副部长、文明办主任参加会议并汇报了志愿服务、新时代文明

大事记

实践中心建设、乡风文明建设、精神文明建设、先进集体评选考核、先进典型选树等工作情况,省文明办领导对下一步工作进行安排部署。

四月

4月15日,由中共黑龙江省委宣传部主办,黑龙江省委网信办、北京字节跳动科技有限公司承办的"政通"黑龙江首届政务号大会在哈尔滨举行。省委常委、宣传部部长贾玉梅在会上致辞。

黑龙江政务新媒体的传播力、引导力、影响力和公信力不断提升,在推动政务公开、加强舆论引导、增进政民互动方面都走在了全国前列。在首届"政通"黑龙江政务号大会上,全省400余家各级党政机构集体入驻今日头条和抖音平台。至此,黑龙江省政务头条号、抖音号总数量已突破2 500家。

4月23日,黑龙江省第五届"书香中国·龙江读书月"暨大兴安岭加格达奇全民阅读活动启动仪式在加格达奇新世纪广场隆重举行,标志着2019年全省全民阅读活动正式拉开帷幕。

省委常委、宣传部部长贾玉梅宣布黑龙江省第五届"书香中国·龙江读书月"活动启动,并向荣获"黑龙江省全民阅读活动示范城市"的加格达奇区授牌。

启动仪式上,公布了第三届全国"书香之家"评选我省入选家庭;宣读了第二届"十佳阅读推广基地""十佳阅读推广组织""十佳阅读推广人"的表彰决定;与会领导和嘉宾为荣获第三届全国"书香之家"的家庭代表和荣获黑龙江省第二届全民阅读"十佳"的代表颁奖;黑龙江出版集团为大兴安岭地区捐赠20万元图书;群众代表宣读了全民阅读倡议书;小小志愿者举行"从我做起,拒绝有害出版物及信息"宣誓,并向嘉宾赠送"绿书签"。

4月29日下午,省委宣传部召开"弘扬五四精神,强化提升'四力',争做新时代宣传战线的青年奋斗者"青年干部座谈会。省委常委、宣传部部长贾玉梅出席并讲话。省委宣传部部务会议成员、省委宣传部机关青年干部70余人参加座谈。

五月

5月17日,在黑龙江(深圳)文化产业招商推介会上,黑龙江广播电视网络股份有限公司与腾讯云计算(北京)有限责任公司签署战略合作协议,双方将在融媒体建设、哈尔滨安防云项目、企鹅新媒体学院以及智慧旅游四个领域实现战略合作,充分发挥各自优势,为哈尔滨智慧城市建设赋能,大力推动全省信息化建设进程。

5月17日,在黑龙江(深圳)文化产业招商推介会上,黑龙江广播电视网络股份有限公司与深圳市华阳悦客科技发展有限公司签署合作协议。双方将共同打造以腾讯生态为基础的数字化运营系统,构建"网店+微店+门店"渠道一体化的新零售格局。

5月21日,省文明委第十三次全体会议在哈尔滨召开。省委副书记、省文明委主任陈海波主持会议并讲话,省委常委、宣传部部长贾玉梅出席会议并传达中央文明委第二次全体会议精神,省领导谷振春、孙东生、郝会龙出席会议。

会议审议通过了第十九届省级精神文明创建先进集体名单,省文明委有关成员单位发言。省文明办、省农业农村厅、省文化和旅游厅分别就精神文明建设工作做了汇报。

六月

6月6日,省直宣传文化系统"不忘初心、牢记使命"主题教育工作会议在哈尔滨召开。省委第十四巡回指导组到会指导。省委常委、宣传部部长贾玉梅出席会议并讲话。

贾玉梅要求,宣传文化系统要深刻认识"不忘初心、牢记使命"主题教育的重大意义,提高政治站位,不断提升思想自觉和行动自觉,切实增强开展"不忘初心、牢记使命"主题教育的责任感和使命感。

大事记

6月19日,全省宣传文化系统负责人暨市(地)党委宣传部长能力素质提升培训班在哈尔滨举行结业式。省委常委、宣传部部长贾玉梅出席并讲话。

贾玉梅强调,在学习中把握形势、推动发展,是做好宣传思想战线工作的基本方法和重要路径。要旗帜鲜明讲政治,不断增强"四个意识"、坚定"四个自信"、做到"两个维护",切实坚定政治信仰。要履行职责使命,强化舆论引导,抓好意识形态责任制落实。要落实目标责任,做好融合大文章,强化干部队伍建设,确保各项工作取得实实在在的效果。

6月25日,省乡风文明建设专项小组工作会议在哈尔滨召开。省委常委、宣传部部长贾玉梅主持会议并讲话。

贾玉梅强调,建设乡风文明,是加快实施乡村振兴战略的题中之义,是推动龙江全面振兴全方位振兴的重要一环。要统一思想,提高认识,增强乡风文明建设的责任感紧迫感。要抓实抓细,精准施策,推动乡风文明建设重点任务落实。要担当有为,真抓实干,推动乡风文明建设取得新成效。

会上,审议了《黑龙江省实施乡村振兴战略乡风文明建设专项小组工作规则》,省委宣传部、省农业农村厅、省民政厅、省文化和旅游厅、省妇联相关负责人就乡风文明建设情况做了汇报。

6月28日,全省推进志愿服务暨新时代文明实践中心建设现场会在大庆市召开。省委常委、省委宣传部部长贾玉梅出席会议并讲话。

贾玉梅指出,我省志愿服务和新时代文明实践中心建设扎实推进,取得明显成效,同时还有一定的短板和不足,需要在实践中进一步研究和破解。要把握时代脉搏,深刻认识志愿服务和新时代文明实践中心建设的重大意义。要增强实效意识,深入落实志愿服务和新时代文明实践中心建设的重点任务。

会议传达了全国学雷锋志愿服务工作暨岗位学雷锋活动推进会精神。大庆市文明委、哈尔滨市延寿县、佳木斯市桦南县梨树乡、绥化市明水县永久乡永久村、省税务专项志愿服务组织等典型代表做了经验交流发言。参会人员现场参观了大庆市志愿者大厦、大同区林源镇长林村新时代文明实践中心、副中心和新时代文明实践站等示范点。

七月

7月12日,省"扫黄打非"工作领导小组(扩大)会议在哈尔滨召开。会议贯彻落实全国、全省"扫黄打非"工作电视电话会议精神和省委常委会会议关于"扫黄打非"工作精神,总结工作,分析当前形势,部署下一阶段重点任务。省委常委、宣传部部长贾玉梅出席会议并讲话。

会议指出,全省"扫黄打非"战线认真贯彻党中央和省委决策部署,围绕服务党和国家工作大局,坚持正确政治方向,有力维护了国家政治安全、意识形态安全和文化安全。

会议要求,各成员单位要结合"不忘初心、牢记使命"主题教育,立足新时代阶段特征,把握新形势下"扫黄打非"工作性质定位和使命任务,持续正本清源、着力守正创新,以更高的标准、更严的要求、更实的举措不断深化"扫黄打非"工作。

7月16日上午,由省委宣传部(省政府新闻办公室)举办的"壮丽70年·奋斗新时代"庆祝新中国成立70周年主题系列新闻发布会正式启幕,首场发布会上,哈尔滨市委副书记、市长孙喆介绍了哈尔滨市经济社会发展有关情况。

此次系列新闻发布活动将历时一个半月,其间,将邀请与宏观经济、民生工作等密切相关部门的主要负责同志,13个市(地)党委、政府主要负责同志出席并做主旨发布,介绍新中国成立70年以来,特别是党的十八大和省第十二次党代会以来,我省经济社会相关领域、战线取得的成绩亮点和宝贵经验,重点发布我省工业、农业、生态、文化、旅游、脱贫攻坚、对外开放、优化营商环境等方面情况,以及从各地视角反映新中国成立70年以来,我省城乡面貌发生的喜人变化和取得的发展成就。

八月

8月12日上午,全省高校2019年暑期书记校长研讨班在大庆市委党校开班。省委常委、宣传部部长贾玉梅出席开班式并讲话。她指出,全省高校要对标对表"不忘初心、牢记使命"主题教育的部署要求,学习创新理论,端正办学思想,提升治校能力,防范化解风险,扎实推动龙江高等教育高质量发展。副省长孙东生主持开班式。

贾玉梅强调,要强化理论武装,学懂、弄通、做实习近平新时代中国特色社会主义思想。要聚焦发展大局,提升高等教育服务社会发展能力。要突出铸魂育人,推动高校思想政治工作创新发展。要强化风险防控,确保高校政治安全和校园稳定。要深化党的建设,坚持党对高校的全面领导不动摇。

孙东生强调,高校书记校长要担好主体责任,认真组织开展"不忘初心、牢记使命"主题教育,集中精力落实中央决策部署和省委工作要求,扎实做好高校安全稳定各项工作,以实际行动推动全省高校高标准、高质量发展。

8月12日,省委宣传部举行第九次理论中心组集体学习扩大会,专题学习《中国共产党宣传工作条例》。会上,中宣部全国宣传干部学院教研部副主任秦强博士做专题讲解。省委宣传部部务会议成员结合工作谈学习体会,做交流发言。

8月16日,第十四届黑龙江国际文化产业博览会在哈尔滨会展中心举行,展会将持续至8月19日。

本届展会以"融合创新·文旅强省"为主题,创新融合文化、旅游、体育、时尚、科技等办展模式,彰显龙江特色。增加展游互动,释放创意设计、产业发展、文化消费、交流贸易潜能,全面展示黑龙江省文化改革发展成就和发展优势,树立黑龙江文化旅游振兴发展良好形象,建设文化旅游强省。

省委常委、宣传部部长贾玉梅到展区参观。

文化龙江馆依据资源优势和文化产业发展重点,设计480个展位,系统展示黑龙江省文化改革发展成就。展馆将重点展示黑龙江省媒体、新闻、出版的创新发展成果,推动媒体融合的进展以及文化科技发展。同时,展示全省文旅融合景区和经典线路、"龙江文旅摄影"精品、文旅纪念品。

本届展会还将举办龙江特色文艺演出，以综艺演出的形式弘扬龙江70年经济、文化发展成果。举办旗袍、茶道、花艺展演教学，传统乐器文艺表演，第二届健身达人大赛，千人旗袍秀等特色演出，传播传统文化，丰富百姓文化生活，提高文化品鉴水平。

8月23至24日，由全省"扫黄打非"工作领导小组办公室组织的"2019年'扫黄打非'暨版权执法业务培训班"在省委党校举办。

参加本次培训的有各市（地）党委宣传部分管"扫黄打非"和版权工作的副部长、具体工作负责同志及文化市场综合执法支队支队长、负责新闻出版工作的大队长，各市（县）党委宣传部分管"扫黄打非"和版权工作的副部长，共130余人。

本次培训，重点围绕"扫黄打非"案件查办、市场监管、法规普及、版权执法、网络舆情、进基层站点建设等方面开展专题培训，授课内容丰富，极具针对性、实操性和指导性。培训期间，还组织学员就听课体会、工作困境、经验做法、"扫黄打非"信息系统使用方法等进行了研讨交流。

8月26日，第二届黑龙江省旅游产业发展大会暨文化旅游推介会在伊春市开幕。俄罗斯、西班牙、日本等国际旅游机构代表，港澳台地区旅游商代表，魅力中国城联盟城市代表，全国16家OTA线上旅行商等各界代表5 000余人在现场观看开幕式。伊春友好城市广东茂名市，对口援疆城市十师北屯市也派出代表前来参会。

作为本届旅发大会的承办单位，伊春市本着"打样板、做模式"的要求，坚定不移走绿色转型发展之路，通过"举办一届旅发大会，提升一个大会承办地"。围绕冰雪游、森林游、边境游、湿地游、避暑游五个旅游业态，伊春突出特色资源和产业发展优势，突出"文旅融合"元素，推出伊春市游客服务中心、充满自然元素的汤旺河邻居民宿、五营汽车营地等14个重点观摩项目，以北部森林风景观光廊道为主轴，并通过项目的串点成线，打造具有成长性和市场竞争力的旅游产品体系，打造具有黑龙江特色的"文化+旅游""体育+旅游""康养+旅游"等旅游新模式。

8月28日，全省推进县级融媒体中心建设工作视频会议召开。会议深入学习贯彻习近平总书记关于媒体融合发展系列重要讲话、重要论述精神,传达省委深改委第七次会议有关精神,安排部署我省县级融媒体中心建设工作。省委常委、宣传部部长贾玉梅出席会议并讲话。

贾玉梅指出,深度推进媒体融合和县级融媒体中心建设,是建强党的新闻舆论媒体、筑牢全省意识形态和政治安全舆论屏障的迫切需要,是服务群众、凝聚民心的迫切需要,是解决我省媒体生存发展现实困境的迫切需要。要提高政治站位,强化责任担当,切实增强推进工作的责任感和紧迫感。要全力抓好媒体融合和县级融媒体中心建设的重点任务,加强组织领导,推动理念更新,紧盯技术创新,建强人才队伍,强化机制保障,确保全省县级融媒体中心建设取得实实在在的成效。

8月30日,黑龙江广播电视网络股份有限公司与沈阳东软集团签订战略合作协议。双方将发挥各自优势,在信息化工程方面进行共商共建共享,在信息化项目建设上发挥资源和能力优势,在市场拓展、产品开发、客户服务等多领域构建合作发展的新模式、新机制。

九月

9月6日,国务院新闻办公室以"新时代黑龙江重振雄风再出发"为主题,在北京举行庆祝新中国成立70周年黑龙江专场新闻发布会。省委书记、省人大常委会主任张庆伟做主题发布并回答中外记者提问,省委副书记、省长王文涛回答有关提问。

9月11日,由中共黑龙江省委宣传部、黑龙江省新闻工作者协会主办,黑龙江大学协办的黑龙江省新闻战线第六届"好记者讲好故事"演讲比赛在黑龙江大学报告厅落下帷幕。来自全省各地的23名优秀新闻工作者结合采访经历,深情讲述了在新闻实践中亲历亲见亲闻亲为的精彩故事。最终,来自佳木斯市广播电视台的李倩获得一等奖;黑龙江广播电视台的芦姗姗、黑龙江广播电视台的张春林获得二等奖;哈尔滨广播电视台的钟雯、鸡西新闻传媒集团的姚福军、哈尔滨日报报业集团的郝欣获得三等奖;其余17名选手获得优秀奖。

黑龙江省"好记者讲好故事"活动已成功举办五届,活动已经成为全省新闻战线贯彻落实马克思主义新闻观、积极践行"四力"要求、深入拓展"三项学习教育"的品牌活动。

9月17日,黑龙江广电网络集团穆棱分公司宋兰堂同志先进事迹报告会在哈尔滨举行。

省委常委、宣传部部长贾玉梅出席报告会,并在会前会见了报告团成员。她指出,宋兰堂同志是近年来全省宣传战线中涌现出的优秀代表,是新时期龙江共产党人的楷模,是全省党员干部学习的榜样。他用自己的行动践行了社会主义核心价值观,诠释了共产党人的先进性和宣传干部的优秀品质。他的先进事迹和崇高精神,很好地回答了如何做好新时期宣传工作、怎样增强"四力"的问题。各位报告团成员是宋兰堂同志先进事迹的见证者,有责任、有义务把事迹讲述好、宣传好,把精神传承好、发扬好,让广大干部群众深入了解一个最真实、生动、感人的英雄形象。

据了解,宋兰堂同志先进事迹将作为全省第二批"不忘初心、牢记使命"主题教育的生动教材,持续激励广大宣传干部锐意进取、勇于担当、奋发有为。

9月19日,我省推进使用正版软件工作联席会议在哈尔滨召开。会议传达了国家推进使用正版软件工作部际联席会议第八次全体会议精神,审议通过《黑龙江省推进使用正版软件工作联席会议制度》,总结近年来我省软件正版化工作,部署下步工作任务。省委常委、宣传部部长、省联席会议总召集人贾玉梅出席会议并讲话。

省推进使用正版软件工作联席会议召集人和各成员单位分管负责同志参加会议,各市(地)委宣传部分管正版化工作的副部长及负责版权工作的同志列席会议。部分联席会议成员单位代表做交流发言。

十月

10月1日,黑龙江广播电视网络股份有限公司承担新中国成立70周年黑龙江省国庆"中华粮仓"彩车"八大系统"任务,圆满完成国庆游行技术保障工作。彩车充分展示了全省上下坚决贯彻落实习近平总书记重要讲话和重要指示精神取得的显著成就,有力彰显了黑龙江建设"六个强省"砥砺奋进的崭新风貌,充分展现了3 700多万龙江儿女重振雄风再出发的时代风采。

10月25日,新时代深入学习和弘扬"四大精神"座谈会在哈尔滨召开。省委常委、宣传部部长贾玉梅主持会议并讲话。

贾玉梅指出,"四大精神"是龙江大地孕育生成的宝贵精神财富,是加强党的建设、引导党员干部群众践行初心使命的迫切需要,是推动龙江振兴发展的强大精神动力。全省广大干部群众要提高思想站位,充分认识深入学习和弘扬"四大精神"的重要意义,切实增强责任感和使命感。要坚持融入贯通转化,使领导干部成为"四大精神"的引领者,使广大群众成为"四大精神"的践行者,使青年学生成为"四大精神"的推动者,把学习弘扬"四大精神"贯通到政治引领全过程、思想引导全过程、实践创造全过程,推动"四大精神"聚力龙江振兴发展的生动实践。

会上,社科理论界代表、先进典型代表、市地代表结合各自实际,畅谈了践行"四大精神"的切身感受。

十一月

11月4日,全省宣传思想文化战线学习宣传贯彻党的十九届四中全会精神电视电话会议在哈尔滨召开。会议传达了中宣部学习宣传贯彻党的十九届四中全会精神电视电话会议精神,通报我省学习宣传工作安排。省委常委、宣传部部长贾玉梅出席会议并讲话。

贾玉梅指出,全省宣传思想文化战线要提高政治站位,切实增强学习宣传贯彻党的十九届四中全会精神的思想自觉和行动自觉,以强烈的政治责任感和使命感,深刻领会党的十九届四中全会的重大现实意义和深远历史意义,为全省深入学习宣传贯彻全会精神奠定坚实的思想基础。

11月21日,学习宣传贯彻党的十九届四中全会精神省委宣讲团首场报告会在哈尔滨举行。省委宣讲团团长,省委常委、宣传部部长贾玉梅做首场报告。

报告会上,贾玉梅以《坚定中国特色社会主义制度自信,开辟'中国之治'新境界》为题,精准、全面介绍了十九届四中全会的重大意义、中国特色社会主义制度和国家治理体系的显著优势,深入解读了十九届四中全会《中共中央关于坚持和完善中国特色社会主义制度 推进国家治理体系和治理能力现代化若干重大问题的决定》提出的总体要求、总体目标和重点任务,并结合我省实际对学习宣传贯彻全会精神谈了认识体会。贾玉梅强调,要持续推动学习宣传贯彻全会精神,增强"四个意识",坚定"四个自信",做到"两个维护",履职尽责,确保全会确定的各项目标任务在我省落实落靠、见到实效。

省委宣讲团成员、省直机关各单位党员干部、省委党校教职员工、高校师生代表等700余人参加报告会。

11月25日,黑龙江广播电视网络股份有限公司穆棱分公司技术员宋兰堂(已故)被中共黑龙江省委宣传部、省退役军人事务厅追授首届"龙江最美退役军人"称号。11月28日上午,宋兰堂之子宋双受到省委书记张庆伟等省领导亲切接见。

十二月

12月3日,学习贯彻党的十九届四中全会精神座谈会在哈尔滨召开。省委常委、宣传部部长贾玉梅出席会议并讲话。

座谈会上,贾玉梅从"马克思主义的纲领性文献、中国特色社会主义制度的经典教科书、中国共产党面向全党全国全世界的政治宣言"三个方面,充分论述了党的十九届四中全会的重大意义;从"坚定制度自信源于实践成就、来自优势积淀、根植历史文化、基于理论创新"四个角度,深刻阐释了全会审议通过的《中共中央关于坚持和完善中国特色社会主义制度 推进国家治理体系和治理能力现代化若干重大问题的决定》的丰富内涵。

会上,与会代表紧密结合各自工作实际,畅谈了学习党的十九届四中全会精神的心得体会。

12月5日,全省"不忘初心传递爱 志愿服务新时代"主题志愿服务月集中行动启动仪式在哈尔滨市南岗区荣市街道办事处举行。省委常委、宣传部部长贾玉梅出席启动仪式并宣布集中行动正式启动。谢尚威志愿服务队、王春艳巾帼志愿服务队、航天风华志愿服务队等5个优秀志愿服务队,共100余位志愿者参加启动仪式。

本次志愿服务月集中活动将持续至12月31日,全省各地志愿服务组织将依托新时代文明实践中心、社区服务站、农村乡镇服务中心、学校、文化场馆等阵地开展理论宣讲、"龙江冰雪我代言"文化旅游宣传、文化科技卫生"三下乡"等志愿服务活动,在龙江大地上汇聚起助力全面振兴全方位振兴的蓬勃力量。

12月5日,由省委宣传部主办,省摄影家协会、中共绥芬河市委宣传部、俄罗斯滨海边疆区摄影家协会、俄罗斯乌苏里斯克市摄影家协会共同承办的"中俄国际摄影作品展"在哈尔滨举行。省委常委、宣传部部长贾玉梅出席开幕式,并与俄罗斯滨海边疆区摄影家协会副主席、乌苏里斯克市摄影家协会主席伊戈尔·叶果罗夫就增进两地人文交流深化合作进行了交流。

此次中俄国际摄影作品展以其纪实性向中俄两国人民展示彼此的历史文化与城市发展,是中俄文化交流的重要品牌之一。

12月7日,由哈尔滨冰雪大世界主办、黑龙江广播电视台承办的首届哈尔滨采冰节在哈尔滨松花江畔上坞滩涂开幕。省委常委、哈尔滨市委书记王兆力,省委常委、宣传部部长贾玉梅出席开幕式。

哈尔滨采冰节是中国最大的采冰仪式,也是哈尔滨冰雪季伊始最盛大的节日。此后,从松花江采出的冰块将源源不断运往哈尔滨冰雪大世界,最终建成美轮美奂的冰雪奇观。

12月9日,由中共黑龙江省委宣传部、黑龙江省文化和旅游厅、中共哈尔滨市委宣传部、中共哈尔滨市呼兰区委宣传部与中央歌剧院共同策划创排的大型原创歌剧《萧红》在北京新清华学堂首演。省委常委、宣传部部长贾玉梅观看演出。

12月10日下午,歌剧《萧红》研讨会在北京中央歌剧院举行。省委常委、宣传部部长贾玉梅出席研讨会并讲话。

贾玉梅强调,艺术追求永无止境,要结合首演后各界群众的反响评价认真研究梳理意见建议,进一步做好歌剧《萧红》的打磨提升和立体推介,努力推出既叫好又叫座、社会效益和经济效益俱佳的精品力作。

研讨会上,与会的各位专家结合各自领域,对歌剧《萧红》进行点评。

12月12日下午,省国有文化资产监督管理委员会第一次全体(扩大)会议在哈尔滨召开,标志着我省国有文化资产监管新的体制正式建立。省委常委、宣传部部长,省文资委主任贾玉梅出席并讲话。省委组织部、省委宣传部、省委编办等成员单位分管负责人,省属国有文化企业主要负责人、省文资办有关工作人员参加会议。

12月13日,全省旅游工作联席会议在哈尔滨召开,对冬季涉旅工作进行部署。省委常委、宣传部部长贾玉梅出席会议并讲话。

贾玉梅强调,建设旅游强省,抓好龙江冬季旅游,是每个成员单位义不容辞的责任使命。要提高政治站位和全局站位,履职尽责,努力担当,形成工作合力,聚焦重点问题全力攻坚,加强跟踪督导求实问效,以问题的有效解决推动我省旅游产业提档升级。

部分省直单位做相关发言。省旅游工作联席会议成员单位成员、省旅游投资集团等有关部门和企业负责人参加会议。